CHEMIN DE FER DE LILLE AU HAVRE

(SECTION D'ABBEVILLE A EU ET AU TRÉPORT).

COMMISSION D'ENQUÊTE

POUR LE

CHEMIN DE FER

D'ABBEVILLE A EU ET AU TRÉPORT

PROLONGEMENT DE LA LIGNE

DE

BÉTHUNE A ABBEVILLE

PROCÈS-VERBAUX ET DOCUMENTS.

ABBEVILLE

IMPRIMERIE BRIEZ, C. PAILLART ET RETAUX

90, CHAUSSÉE MARCADÉ, 90

1873

V

CHEMIN DE FER DE LILLE AU HAVRE

(SECTION D'ABBEVILLE A EU ET AU TRÉPORT).

COMMISSION D'ENQUÊTE

POUR LE

CHEMIN DE FER

D'ABBEVILLE A EU ET AU TRÉPORT

PROLONGEMENT DE LA LIGNE

DE

BÉTHUNE A ABBEVILLE

PROCÈS-VERBAUX ET DOCUMENTS.

ABBEVILLE

IMPRIMERIE BRIEZ, C. PAILLART ET RETAUX

90, CHAUSSÉE MARCADÉE, 90

1873

COMMISSION D'ENQUÊTE

POUR LE

CHEMIN DE FER

D'ABBEVILLE A EU ET AU TRÉPORT

COMME CONTINUATION

DU CHEMIN DE FER DE BÉTHUNE

Séance tenue à la préfecture de la Somme le 12 octobre 1872.

L'an mil huit cent soixante-douze, le 12 octobre, à une heure, à l'hôtel de la Préfecture d'Amiens, s'est réunie la Commission nommée par l'arrêté de M. le Préfet en date du 3 août 1872.

Étaient présents :

MM. *Courbet-Poulard*, député, conseiller général, maire d'Abbeville, président,

De Rambures, député, conseiller général, maire de Vaudricourt,

Labitte, conseiller général, à Abbeville,

Brulé, conseiller général, à Saint-Valery,

Douville de Maillefeu, conseiller général, à Huchenneville,

Vayson, président du Tribunal de commerce, à Abbeville,

Monchaux, président de la Chambre de commerce, à Abbeville,

De Monnecove, conseiller d'arrondissement, à Abbeville,

Van Robais, conseiller d'arrondissement, à Abbeville,

Depoilly, conseiller d'arrondissement, à Friville-Escarbotin,

Martel, maire de Woincourt,

Guerville, maire de Fressenneville.

M. *Delattre aîné,* conseiller général, était absent, malade à Vichy.

M. *Couche,* ingénieur en chef, assiste à la séance, comme délégué de la Compagnie du Nord.

M. *le Président,* après avoir fait l'appel des membres présents, fait procéder à la nomination d'un secrétaire. M. *Labitte* est nommé secrétaire au scrutin secret et à la majorité des suffrages.

M. *le Président* dépose sur le bureau les pièces dont voici le bordereau :

1° Résumé des délibérations des communes consultées ;

2° Registre d'enquête ouvert à Amiens ;

3° Registre d'enquête ouvert à Abbeville ;

4° Plan général ;

5° Profil en long ;

6° Notice descriptive ;

7° Lettre de la Compagnie du chemin de fer du Nord en date du 17 août 1872 ;

8° Rapport particulier fait à la Commission des chemins de fer, au Conseil général ;

9° Dire du Conseil municipal d'Abbeville ;

10° Délibération de la Chambre de commerce d'Abbeville;

11° Délibération du Tribunal de commerce de Saint-Valery;

12° Arrêté préfectoral du 30 août 1872.

Il donne lecture de l'arrêté de M. le Préfet qui nomme la Commission et il expose le but de la réunion.

M. le Secrétaire donne lecture de la loi du 3 mai 1841, et de l'ordonnance du 18 février 1834, modifiée par celle du 15 février 1835.

M. le Président indique que le premier objet de la discussion qui va s'ouvrir est de s'occuper de la *déclaration d'utilité publique* d'une demande en concession, formée par la Compagnie du Nord, du chemin de fer d'Abbeville à Eu et au Tréport, *comme continuation de la ligne d'intérêt général de Béthune à Abbeville.* — Quand la Commission aura statué sur ce point, elle passera à la discussion des variantes et des embranchements qui seraient indiqués comme pouvant apporter quelques modifications à l'avant-projet présenté ; — puis, viendront les questions relatives aux délais, dans lesquels le chemin devra être construit.

Après cet exposé, *M. le Président* fait connaître divers dires à l'enquête ; il commence par celui du Conseil municipal de la ville d'Abbeville, dont nous extrayons les conclusions :

« Considérant que l'avant-projet, présenté par la Com-
« pagnie du Nord, répond aux intérêts généraux du pays,
« en abrégeant les distances sur une voie destinée à devenir
« une ligne à grand trafic; qu'il satisfait aussi le mieux aux
« intérêts du Vimeu ;

« Le Conseil est d'avis :

« *Qu'il y a utilité publique à prolonger la ligne de Béthune*
« *à Abbeville jusqu'au Tréport ;*

« Que ce tronçon doit se diriger en ligne directe, et l'avant-

« projet de la Compagnie du Nord se combiner avec les
« études faites par M. *Frémaux*, de manière à conduire la
« voie nouvelle entre Fressenneville et Friville-Escarbotin, et à
« établir une station entre ces deux importantes localités ;

« Que cette ligne soit reliée à la station d'Eu, et raccordée
« à la ligne d'intérêt local de cette ville à Dieppe. »

M. *Monchaux* donne lecture de la délibération de la Chambre
de commerce ; après s'être longuement étendu pour combattre
le passage de la ligne par Saint-Valery, la délibération se termine ainsi :

« Que, du reste, pour concilier tous les intérêts, il suffirait
« de raccorder Saint-Valery, par une voie posée le long du
« canal, à la ligne se dirigeant suivant l'étude du projet de
« chemin d'intérêt local, sur le Quesnoy, Valines et Yzen-
« gremer, par Cahon, à la station de Gouy ; qu'il n'y aurait
« pour exécuter ce raccordement, ni achat de terrain, ni ter-
« rassement à faire.

« La Chambre émet l'avis qu'*il y a utilité publique à la*
« *création d'un chemin de fer d'intérêt général* qui, se sou·
« dant à Abbeville à la ligne arrivant de Béthune, la pro-
« longerait directement jusqu'à Eu et irait, en même temps,
« au Tréport.

« Que la ligne directe d'Abbeville à Eu et au Tréport devra
« être exécutée, suivant le tracé qui tiendra tout à la fois
« compte de l'avant-projet de la Compagnie du Nord, lequel
« est soumis à l'enquête, et de l'étude du chemin de fer direct
« d'Abbeville à Eu, dressée sous les ordres de M. *Frémaux*,
« de façon à ce qu'il passe entre Fressennville et Friville-
« Escarbotin et à ce qu'il puisse être créé une station entre
« ces deux localités.

« Qu'il y a également utilité publique à ce que cette
« ligne soit raccordée à la station d'Eu avec celle venant

« de Dieppe, afin d'en assurer le prolongement sur la Nor-
« mandie. »

Il est ensuite donné lecture du résumé des délibérations
de chacune des communes consultées.

Il résulte de ce résumé que *soixante-quinze communes
ont été consultées*, que *quarante et une approuvent le
tracé direct* de l'avant-projet de la Compagnie du Nord, que
neuf proposent le tracé par Saint-Valery, que *vingt-deux
n'ont pas répondu* à la demande qui leur a été faite, et que
trois s'opposent au tracé, sans indiquer de variantes.

M. *Depoilly* communique, ensuite, la délibération du Conseil
municipal de la commune de Friville-Escarbotin. « Le
« Conseil déclare qu'*il y a utilité publique à la confection
« d'un chemin de fer d'Abbeville à Eu.* La ligne en projet doit
« être regardée comme faisant partie du quatrième réseau et
« être classée comme ligne d'intérêt général. Dès lors, il
« paraît évident au Conseil qu'elle doit s'emparer de la voie
« la plus directe, mais en tenant compte toutefois des intérêts
« spéciaux des populations appelées à être traversées ou des-
« servies par ce chemin.

« Qu'au premier rang des intérêts, il faut placer la com-
« mune de Friville-Escarbotin, qui, par sa position géogra-
« phique, comme point de centre des industries serrurières
« et par son mouvement industriel et commercial, d'une
« importance considérable, appelle nécessairement le chemin
« de fer. Le Conseil pense aussi que, pour donner satisfaction
« complète aux intérêts de tous, *il serait bon qu'une ligne
« venant de Saint-Valery allât se souder à la voie principale
« d'Abbeville à Eu.* — En somme, lè *Conseil, à l'unanimité,
« demande l'exécution, comme ligne d'intérêt général, d'un
« chemin de fer d'Abbeville à Eu et au Tréport par ou près*

« *Friville-Escarbotin, et l'exécution, comme chemin d'intérêt*
« *local, d'un raccordement de Woincourt à Saint-Valery.* »

M. *Douville de Maillefeu* rectifie une erreur kilométrique
qui, selon lui, s'est glissée dans la délibération dont il vient
d'être donné lecture ; il y a, d'après M. *Douville*, sept kilomètres au lieu de quatre entre Maisnières et Feuquières.

M. *Brulé* lit le dire du Conseil municipal et du Tribunal de
commerce de Saint-Valery : ce dire, très-détaillé, cherche à
démontrer les avantages qu'il y aurait à exécuter le tracé
passant par Saint-Valery, il se termine ainsi :

« En tenant compte de ces éléments, et en remarquant
« qu'une des voies ouvre aux communes desservies des
« relations avec Abbeville seulement, l'autre avec Saint-Va-
« lery et Abbeville, les soussignés demeurent convaincus que
« des deux trafics locaux comparés, celui de la ligne passant
« par Saint-Valery sera notablement supérieur.

« Il leur reste à insister sur l'avantage, que présente le
« tracé par Saint-Valery, de desservir Cayeux et les communes
« du littoral. Ce tracé est ainsi le seul qui traverse entière-
« ment le district serrurier. Cet avantage considérable, *au*
« *point de vue local,* se lie à un autre avantage d'*intérêt public* :
« celui de ne pas se rapprocher, ainsi que les tracés qui lui
« sont opposés, de la ligne du Nord et de la ligne de Longpré
« à Gamaches. C'est en raison de ce voisinage, qu'on ne peut
« admettre que treize kilomètres, et non vingt, pour la largeur
« de la zône desservie par le tracé d'Abbeville à Eu par Cahon ;
« et c'est là une nouvelle raison de préférer le tracé par
« Saint-Valery, puisque *l'intérêt public* demande assurément
« la meilleure utilisation possible des capitaux disponibles
« et des voies créées.

« Par tous ces motifs, les soussignés espèrent que le *Conseil*

« *général* donnera son adhésion au tracé par Saint-Valery,
« comme représentant l'intérêt général. »

M. le Président déclare que *ces conclusions ne regardent pas
la Commission qui est convoquée pour donner son avis sur l'u-
tilité publique de l'avant-projet de la ligne d'intérêt général,* tel
qu'il est présenté par la Compagnie du Nord ; et que *le Conseil
général de la Somme ne sera pas dès lors appelé à statuer sur
la question posée, attendu qu'elle est hors de sa compétence*

M. Douville de Maillefeu fait observer que le chiffre des
15346 habitants cités, comme desservis par le tracé de Saint-
Valery, ne peut être opposé au chiffre de 8328, donné comme
étant celui applicable à l'avant-projet du chemin de fer du
Nord, attendu que les zônes, telles qu'elles sont indiquées, ne
sont pas de même étendue.

M. le Président, pour éclairer la Commission sur certains
points historiques de la question des divers tracés, présente
l'extrait d'un rapport partiel, fait par lui à la commission
du Conseil général de la Somme, dans la session d'août
1872 (1). La pensée de ce travail est « que l'on devait inévi-
« tablement compter sur la demande qui est aujourd'hui
« soumise à la Commission d'enquête ; d'abord, parce que la
« continuation de la ligne de Béthune à Dieppe (que la sub-
« vention de l'État n'accompagnait pas au delà d'Abbeville),
« cette continuation s'imposait forcément ; ensuite, parce
« qu'il n'était pas possible que la Compagnie de Doullens à
« Gamaches eut la candeur de penser :

« 1° Qu'Abbeville se verrait, en toute résignation, con—
« damnée à tourner le dos à Eu, pour s'y rendre à grands frais,
« en décrivant un long circuit qui se traduit par une différence
« de 44 kilomètres, entre la route nationale et la voie ferrée

(1) Pour expliquer un passage du rapport de M. *Mehaye,* au Conseil général,
sur l'ensemble des projets de chemins de fer.

« actuelle.... Alors qu'Abbeville attendait toujours le com-
« plément du réseau dont son Comité central avait poursuivi
« l'idée jusqu'à présent ;

 « 2° Que le district industriel du Vimeu consentirait à res-
« ter indéfiniment en dehors du mouvement général, en restant
« en dehors de la circulation ferrée dont il a tant besoin, vu l'im-
« portance énorme de son industrie serrurière (1) et textile (2);

 « 3° Que Saint-Valery subirait, comme irrévocable, la
« nécessité de remonter jusqu'à Longpré et de parcourir ainsi
« quatre-vingt-seize kilomètres pour parvenir à Eu, dont il n'est
« séparé que par vingt. — *Cette demande, bien entendu, porte*
« *sur les mêmes intérêts à satisfaire et sur les mêmes moyens*
« *d'y pourvoir*, c'est-à-dire que la Compagnie de Doullens
« propôse, elle aussi, une ligne à grande section qu'elle gref-
« ferait sur la ligne venant de Béthune...., ligne qui appar—
« tient naturellement au Nord (3) et que le Nord sollicite
« l'autorisation de conduire en Normandie.

 « Autrement, s'il y avait, en présence, une ligne d'intérêt

---

(1) D'après les évaluations qui, bien qu'approximatives, nous inspirent beaucoup de confiance, le poids des *matières premières importées* dans le Vimeu
est de....   11,904,000 k.,   soit, au prix du transport......   295,080 fr.

Le poids des *matières fabriquées, exportées* du Vimeu, est

de.......   2,450,000 k.   soit, au prix du transport....   136,250 fr.

Ensemble   14,354,000 k.   —   431,330 fr.

5,200 ouvriers se partagent 3,690,000 fr. de main d'œuvre, sur...   6,017,500 fr.
qui forment le montant de l'exportation des produits, dont.........   1,860,074 fr.
représentent l'importation ; — ce qui laisse uniquement.............   447,426 fr.
pour les frais et bénéfices des patrons.

(2) Selon des données que nous avons lieu de croire exactes, la fabrication des
toiles du Vimeu atteindrait le chiffre d'un million à un million et demi ; les 3/4
ou environ de cette marchandise passeraient par la halle d'Abbeville. Le nombre
des ouvriers occupés au tissage, dont il s'agit, serait de 1,200, ou à peu près.

(3) Quand on rappelle que *M. de Forcade de la Roquette* avait dit : « Au delà
« d'Abbeville, je ne concède plus rien », cela voulait dire : « je ne concède plus
« rien... *avec subvention.* » — Ce ministre n'eût certainement pas refusé une
concession à titre gratuit.

« général et une simple ligne d'intérêt local, l'affaire semble-
« rait jugée dès maintenant.

« Dans ces conjonctures, c'est à l'État, puisqu'il s'agit
« d'une ligne d'intérêt général, que les deux Compagnies de-
« manderesses ont à s'adresser, notre rôle se bornant exclu-
« sivement à donner un avis, rien qu'un avis.

« Attendons que l'enquête ait éclairé pleinement la ques-
« tion, à travers les divergences de direction et de détail, qui
« voudraient se produire ; *mais ne nous dessaisissons pas de
« la ligne droite, qui est, seule, la ligne d'intérêt général.* »

A la suite de cette communication, qui précise les termes
de la question actuelle, la Commission prend connaissance de
la notice descriptive de l'avant-projet proposé par la Compagnie du Nord, d'après laquelle le chemin aura une longueur
de 36 kilomètres environ, et, partant de la gare d'Abbeville,
ira se souder à la station du chemin de fer, d'Abancourt au
Tréport, qui dessert cette dernière localité.

Les pentes supérieures à 0^m,010 ne dépasseront pas une
longueur de 6500 mètres, et n'iront pas au delà de 0^m,0145.

Une lettre de Messieurs les administrateurs du chemin de
fer du Nord, adressée à M. le Préfet de la Somme, l'informe
que « pensant qu'il y aurait intérêt à ce que la ligne de Dieppe
« à Eu fut liée avec celle dont ils demandent la concession,
« de telle sorte que la communication fut directement établie
« entre Dieppe et Lille, ils ont examiné si cette liaison était
« possible ; et ils ont reconnu qu'en augmentant la pente, à la
« descente dans la vallée de la Bresle, on pouvait établir un
« raccordement entre le chemin d'Abbeville au Tréport et à
« la station d'Eu, station commune aux lignes d'Abancourt
« et de Dieppe.

« En conséquence, ils ont l'honneur d'informer M. le Pré-
« fet que, dans le cas où l'utilité de ce raccordement serait

« reconnue, ils sont disposés à l'exécuter, en même temps et
« aux mêmes conditions que la ligne d'Abbeville au Tréport. »

Une discussion s'engage entre plusieurs membres sur les
variantes du tracé de M. *Frémaux* et sur celui du Chemin de
fer du Nord.

M. l'ingénieur *Couche* interpellé déclare qu'il est disposé,
dans les questions de détails, quand les études seront plus
approfondies, à fondre le tracé de la Compagnie avec le tracé
direct de M. *Frémaux* ; mais que *la Compagnie s'oppose for-
mellement au tracé par Saint-Valery* et qu'elle renoncerait
plutôt à la concession qu'elle demande.

Toutes les questions étant entendues et débattues, la for-
mule suivante est mise aux voix et adoptée par onze voix sur
douze votants.

*Il y a lieu de déclarer, d'utilité publique, la construction
d'un chemin de fer, conforme à l'avant-projet proposé par la
Compagnie du Nord, allant d'Abbeville à Eu et au Tréport,
passant par ou près le Quesnoy, par ou près Fressenneville-
Friville-Escarbotin.*

Après ce vote acquis, la Commission, comme l'avait indiqué
M. *le Président*, au commencement de la séance, passe à la discussion des variantes et des embranchements qui pourraient
être indiqués, comme devant apporter quelques modifications
à l'avant-projet présenté par la Compagnie du Nord.

M. *Douville de Maillefeu* demande un renflement vers Chepy, à cause du grand commerce de toile de cette commune.

M. *de Rambures* désire une station à Valines, de façon à s'é-
loigner le plus possible de la ligne déjà existante et à se rapprocher, autant que faire se peut, des communes du littoral.
Il rappelle la délibération de la commune de Vaudricourt et
demande si on ne concilierait pas tous les intérêts en prenant
les vallées de Boismont, Mons-Boubert et Arrest et en se

dirigeant au delà par les vallées, entre Escarbotin, Fressenneville et Woincourt.

M. *Brulé* développe les avantages consignés dans le dire de
la ville de Saint-Valery.

La plupart des membres prennent part à cette discussion et
combattent les arguments de ce dire.

M. *Couche*, ingénieur, donne les détails suivants, qui expli-
quent, par des raisons techniques et pratiques, le refus de la
Compagnie du Nord de souscrire à la direction par Saint-Valery.

La Compagnie du Nord tient, d'une manière absolue, à
éviter tout ce qui pourrait apporter une gêne ou un danger au
service de ses lignes de grande vitesse. Dès qu'elle a vu se
multiplier les embranchements, elle a exigé qu'il fut créé pour
eux des passages au-dessus ou au-dessous des voies de la
grande ligne, afin d'éviter les croisements de voies à niveau,
les ralentissements que ces croisements imposent aux trains
et les grands dangers qu'ils présentent, en dépit de toutes pré-
cautions.

L'État, qui exécute les travaux de la ligne de Béthune à Abbeville, n'a pas hésité à accepter le principe posé par la Compagnie, il fait la dépense d'un passage au-dessus des voies
d'Amiens à Abbeville et les voies de Béthune viennent se placer dans la gare d'Abbeville, à la gauche des voies de la ligne
d'Angleterre.

Si l'on part d'Abbeville pour se diriger vers le Tréport, les
trains de Béthune n'auront qu'à continuer leur route, et les
deux services se seront croisés, en correspondant entre eux
dans la gare d'Abbeville, mais sans s'imposer mutuellement
la moindre gêne.

Si, au contraire, on plaçait à Saint-Valery l'origine de la
nouvelle ligne, les trains de Béthune au Tréport et *vice versâ*
ne pourraient continuer leur route qu'en entrant sur la grande

ligne, à Abbeville ou à Noyelles, pour en sortir à Noyelles ou à Abbeville ; ce qui exigerait l'établissement, dans chacune de ces gares, d'une bifurcation complète, avec aiguille en pointe et croisement de voies à niveau.

L'existence de ces deux bifurcations, coup sur coup, aurait, pour le grand service, de tels inconvénients qu'on serait conduit à chercher à les éviter à tout prix. — Le seul moyen serait de considérer les gares d'Abbeville et de Noyelles comme des terminus pour la nouvelle ligne, en sorte que cette ligne fut desservie par des trains de Béthune à Abbeville et par des trains de Noyelles au Tréport, lesquels auraient entre eux, par les trains de la grande ligne, une correspondance qui certainement laisserait énormément à désirer ; — et personne ne pourrait blâmer la Compagnie d'adopter une mesure qui sacrifierait les convenances du service de Béthune au Tréport, mais qui les sacrifierait à la sécurité de ce service lui-même et à celle du service de Paris à Calais.

Si la ligne nouvelle est concédée à la Compagnie du Nord, le tarif de tout transport, empruntant tout ou partie de la dite ligne et du réseau appartenant au Nord, sera établi d'après la distance totale, sans distinction entre le parcours sur la nouvelle ligne et le parcours sur les anciennes.

Si, au contraire, *la ligne nouvelle est concédée à une Compagnie nouvelle, le même transport donnera lieu, pour chacune des deux Compagnies, à une perception établie d'après la distance parcourue sur la ligne qui lui appartient.*

C'est-à-dire que, *pour l'application des tarifs, la distance totale sera scindée en deux parties, en sorte que le commerce aura à supporter les tarifs à courte distance,* toujours plus élevés que les tarifs établis pour les longues distances.

Il devra supporter, en outre, les frais de transmission, et à subir les allongements de délais correspondants au passage de la marchandise d'un réseau à l'autre.

L'argumentation de Saint-Valery, qui soutient que, si l'on fait passer par Saint-Valery la ligne d'Abbeville au Tréport, l'allongement de 9 kilom. se traduira dans les tarifs par une augmentation correspondante à moins de 9 kilom., parce que l'augmentation de parcours portera sur les anciennes lignes dont les tarifs sont bas, tandis qu'il y a, au contraire, réduction de parcours sur la nouvelle ligne, dont les tarifs seront relativement élevés, cette argumentation pourrait être fondée, si la ligne nouvelle faisait l'objet d'une concession distincte : elle porterait complétement à faux, si cette ligne faisait partie du Nord ; — dans ce cas, le parcours effectué sur cette ligne s'ajouterait au parcours effectué sur les lignes anciennes pour former une distance totale, à laquelle seraient appliqués les tarifs du barême général de la Compagnie, il ne saurait être procédé autrement ; nulle Compagnie ne pouvant avoir l'idée d'établir, pour chacune de ses lignes, un tarif basé sur les frais d'établissement et la circulation de cette ligne.

M. Douville de Maillefeu demande qu'un raccordement soit opéré entre Maisnières et Fressenneville, en coupant le chemin n° 25.

M. Depoilly appuie sur le raccordement proposé par la commune de Friville-Escarbotin partant de cette commune et allant rejoindre Saint-Valery.

M. Monchaux dit qu'il est bien entendu que *le chemin d'Abbeville à Eu et au Tréport se raccordera directement avec le chemin d'Eu à Dieppe.*

La Commission déclare que c'est bien ainsi que les choses sont comprises.

Toutes les observations ayant été faites et discutées sur les variantes et les embranchements, on passe à la question de la durée de construction.

M. *le Président* exprime, au nom des grands intérêts engagés dans la cause, le désir que la construction de la ligne projetée reçoive son exécution dans le plus bref délai.

M. *Douville de Maillefeu* voudrait, à cause de la nouvelle concession, voir les travaux du chemin de fer de Béthune à Abbeville, ainsi que ceux jusqu'au Tréport, terminés en deux ans.

M. *Couche* répond que, quant à la ligne de Béthune à Abbeville, les travaux sont exécutés par l'État, et que de l'État seul en dépend la prompte exécution. Mais, pour celle d'Abbeville au Tréport, il croit pouvoir promettre, tout en réservant les droits de la Compagnie, que deux ans après l'approbation des plans définitifs le chemin pourra être mis en exploitation.

M. *Monchaux* reproduit la proposition faite par M. l'ingénieur *Frémaux*, que les parties intéressées dans la concession de la ligne de Béthune à Abbeville, l'État, le département, les communes et la Compagnie fassent une avance de fonds pour couvrir les intérêts, de façon à hâter la construction du chemin de fer de Béthune.

La Commission, en présence de la hausse de la houille, appuie cette proposition et elle suppliera le Gouvernement de vouloir bien activer les travaux, de manière que les populations puissent enfin jouir d'un bienfait, qu'elles revendiquent, depuis si longtemps, à si juste titre.

L'ordre du jour étant épuisé, la séance est levée à cinq heures et les membres de la Commission s'ajournent au mercredi 30 octobre 1872.

Ainsi fait et délibéré, à Amiens, les jour, mois et an que dessus.

Séance du mercredi 30 octobre 1872.

L'an mil huit cent soixante-douze, le mercredi 30 octobre, à onze heures trois quarts, la Commission nommée par l'arrêté préfectoral du 3 août dernier, pour examiner les questions consignées au registre d'enquête sur le chemin de fer d'Abbeville à Eu et au Tréport, s'est réunie à Abbeville, dans l'une des salles de l'Hôtel-de-Ville.

Sont présents : Messieurs *Courbet-Poulard*, président ; *de Rambures* ; *Brulé* ; comte *Douville de Maillefeu* ; *Vayson* ; *Monchaux* ; *de Monnecove* ; *Van Robais* ; *Depoilly* ; *Martel* ; *Guerville*.

M. Frémaux, ingénieur en chef, et *M. Geoffroy*, ingénieur ordinaire des ponts-et-chaussées, assistent à la séance.

M. le Président communique à la Commission une lettre de *M. Labitte*, secrétaire, qui s'excuse de ne pouvoir assister à la réunion ; on procède en conséquence à la nomination d'un secrétaire ; *M. Van Robais*, ayant réuni la majorité des suffrages, prend place au bureau en cette qualité.

M. le Président fait connaître également que M. *Delattre* ne pourra, pour cause de santé, prendre part à la délibération.

M. le Président donne lecture du procès-verbal de la séance du 12 octobre, qui est adopté à l'unanimité.

Trois nouveaux documents sont soumis à l'examen de la Commission, ce sont :

3

1° une réponse, en date du 4 octobre, faite par les membres du Conseil municipal et du Tribunal de commerce de Saint-Valery à la délibération du Conseil municipal d'Abbeville ;

2° une note présentée par la Compagnie sucrière de la Somme, à la date du 28 octobre ;

3° 'une délibération prise par la Chambre de commerce d'Abbeville le 10 octobre.

M. le Président prie M. *Monchaux* de vouloir bien faire connaître ces documents à la Commission.

Dire du Conseil municipal et du Tribunal de commerce de Saint-Valery. — Analyse de ce document.

M. *Monchaux* donne lecture du nouveau dire du Conseil municipal et du Tribunal de commerce de Saint-Valery, dont voici les points principaux :

L'utilité du prolongement de la ligne de Béthune à Abbeville n'est pas contestée; la discussion porte donc sur le choix à faire entre les tracés proposés, tant par la Compagnie du Nord, que par Messieurs les ingénieurs, entre un tracé direct d'Abbeville à Eu, et le tracé d'Abbeville par Noyelles, Saint-Valery ; — or, ces deux tracés se confondant, à partir de Friville, il ne reste, en définitive, à choisir qu'entre la ligne de Friville à Saint-Valery, d'un parcours de 14 kilomètres environ, et celle de Fressenneville à Abbeville, d'un parcours de 23^k; la partie commune desservant les principaux centres de l'industrie serrurière, il n'y a pas à s'en occuper ; mais, pour le reste, il convient d'établir la comparaison, au point de vue du trafic local, des communes desservies, au point de vue de l'intérêt général et du trafic de transit.

Point de vue du trafic local. En ne considérant que les

communes les plus immédiatement voisines des lignes à construire ; d'un côté Estrebœuf, Pendé, Arrest, Saint-Blimont, Vaudricourt, Nibas, réunissent 5427 habitants ; tandis que Valines, Franleu, Chepy, Le Quesnoy, Cahon, Saigneville et Miannay n'offrent ensemble qu'un chiffre de 4822 ; l'importance agricole est plus grande aussi du côté de Saint-Valery, et, de plus, pour l'importance industrielle, la raperie de Saint-Blimont peut procurer, à elle seule, une masse de transports comparable à celle des transports réunis des communes citées sur l'autre tracé. En outre, le tracé direct laisse dans une impasse les communes importantes de Saint-Valery, Cayeux et leurs voisines, tandis que le tracé par Saint-Valery ne nuit ni à Abbeville ni aux communes limitrophes, puisque sur la ligne de Calais on pourrait établir, à Port-le-Grand, une station pour desservir Saigneville et Cahon, si cela était nécessaire ; enfin, eu égard aux lignes existantes d'Amiens à Calais, et de Longpré à Gamaches, en traçant sur la carte des zones de huit kilomètres de large, le long des lignes existantes et des voies projetées, et en considérant ce qui reste en dehors de ces zones, dans les deux cas, on voit que le tracé par Saint-Valery est mieux placé que le tracé direct pour l'approvisionnement de la région à desservir et l'enlèvement de ses produits.

Point de vue de l'intérêt général et du trafic du transit. Dans toute étude de chemin de fer, il faut concilier l'intérêt des localités extrêmes, et celui des localités intermédiaires ; le premier est en faveur du tracé le plus court possible, le second exige certains détours, augmentant les frais de toute nature, mais on prend néanmoins en considération l'intérêt des points intermédiaires importants sans que les extrêmes puissent se plaindre ; et comme, dans l'espèce, le détour par Saint-Valery et Noyelles, loin d'entraîner un excédant de dépenses, correspond à une importante économie sur les frais de premier établissement, on peut affirmer que les frais seront à peu près équivalents, d'une tonne de marchandises ou d'un voyageur, d'Abbeville à Eu, sur la ligne directe ou sur la ligne par Saint-Valery. Mais encore si la ligne projetée est une section de la ligne de Lille au Hâvre, elle est aussi une section de la ligne du littoral de Dunkerque au Hâvre ; et si, d'un côté, elle allonge le parcours de 9 kilomètres, de l'autre, elle le raccourcit de 17.

Enfin, le Tribunal de commerce et le Conseil municipal de Saint-Valery répondent à plusieurs objections soulevées par le Conseil municipal d'Abbeville en faveur de la ligne directe, eu égard à la serrurerie picarde ; à l'encombrement de la ligne du Nord de Noyelles à Abbeville; à la solidité de l'estacade; aux inconvénients de l'établissement d'un second pont sur le canal.

Serrurerie picarde. La France est obligée d'importer chaque année 7 millions de tonnes de houille, et 120,000 tonnes de fonte, qu'elle ne produit pas, toute gêne, tout frais nouveau imposé à ces produits est contraire à l'intérêt de la consommation et nuisible pour l'exportation; avantage, à ce point de vue, en faveur du tracé par Saint-Valery.

Encombrement de la voie. Mais il s'agit d'une section de 14 kilomètres, parcourue actuellement dans les deux sens par 14 trains de voyageurs et 20 trains de marchandises en 24 heures : or, entre Creil et Paris par Chantilly, sur une longueur de 50 kilomètres, le mouvement est parfaitement régulier, avec 99 trains dans les deux sens en 24 heures.

Solidité de l'estacade. Si l'objection était fondée, on ne peut admettre que Messieurs les ingénieurs n'aient compté, de ce chef, aucune dépense dans l'avant-projet de la variante par Saint-Valery.

Second pont sur le canal. Il est facile, puisque Abbeville est déclassée, de placer la gare à la porte du Bois, en détournant la voie, de construire un pont fixe sur la Somme, près d'Épagnette, et d'utiliser à Saint-Valery le pont tournant d'Abbeville; cette combinaison éviterait la construction d'un pont fixe, sur la ligne de Béthune à Abbeville, à l'intersection de cette voie et de la ligne principale, et n'allongerait la grande ligne que de 500 mètres, en raccourcissant celle de Béthune.

Après lecture de cette pièce, M. le Président demande si quelque membre de la Commission a quelque observation à présenter.

M. Douville de Maillefeu fait observer combien il trouve le travail de Saint-Valery fait avec partialité : ainsi, lorsque se plaçant au point de vue du trafic local, on fait valoir que du côté de Saint-Valery le chiffre de la population desservie est de 5427 habitants, et qu'on n'en trouve que 4822 desservis par la ligne directe, on oublie à dessein plusieurs localités importantes, qui seraient cependant dans le même rayon que celles qu'on a citées en faveur de la ligne par Saint-Valery, la commune de Feuquières, qui compte environ 1700 habitants est dans ce cas ; M. Douville de Maillefeu ajoute que c'est à tort qu'on veut intéresser ici en faveur de la raperie de Saint-Blimont, puisque celle du Quesnoy sera bien autrement considérable.

M. Brulé répond, pour défendre la bonne foi du travail présenté par Saint-Valery ; car les communes de Cayeux et de Bourseville n'ont pas été reprises, ce qui prouve suffisamment que ce travail ne mérite pas le reproche de partialité, qu'on vient de lui faire.

M. le Président fait observer que, dans l'argumentation de Saint-Valery, on trouve une appréciation fantaisiste des distances pour les besoins de la cause. — En effet, entre les distances fictives, qu'invoque Saint-Valery, en comptant sur la complaisance des tarifs à son égard, et les distances réelles

indépendantes de toute convention, il y a cette différence que
les distances fictives basées sur la mobilité des tarifs d'une
compagnie disparaissent, tandis que les distances effectives
basées sur l'immobilité de la nature restent quand même ; or,
Abbeville s'appuie sur les distances effectives et Saint-Valery
sur les distances fictives ; la conclusion est facile à tirer en
faveur de la première de ces villes contre la seconde.

*Dire de la Compagnie sucrière de la Somme. — Analyse de ce
document.*

M. Monchaux reprend la lecture des documents et continue
par la note de la Compagnie sucrière de la Somme. Cette
Compagnie, qui a une sucrerie montée pour un travail annuel
de 30,000 tonnes de betteraves, est alimentée pour moitié, par
la râperie de Saint-Blimont ; convaincue que ses intérêts seraient mieux servis, au point de vue des transports, par l'exécution d'une ligne, qu'elle appelle d'intérêt général, de Saint-
Valery à Eu, sur laquelle seraient appliqués des tarifs analogues
à ceux du réseau du Nord, que par l'exécution d'une ligne
d'intérêt local dans la même direction, la Compagnie demande
que l'avant-projet présenté par la Compagnie du Nord soit
modifié, à partir de Woincourt, pour être dirigé par Friville,
Saint-Blimont, Arrest, Estrebœuf, sur Saint-Valery. En raison
de l'emplacement de la gare de Saint-Blimont, rapprochée de
la fabrique, il en résulterait un grand avantage pour le transport des betteraves et le commerce des pulpes ; les charbons
arrivant soit d'Angleterre, soit du nord de la France par Saint-
Valery, parviendraient à l'usine, dans des conditions beaucoup
plus économiques : or, la Compagnie attache une très-grande
importance à ce que les houilles anglaises puissent parvenir

dans les meilleures conditions possibles, en concurrence avec les houilles françaises, cette concurrence étant la garantie la plus efficace contre toute surélévation des prix de vente et de transport du combustible, soit de l'une soit de l'autre provenance. La sucrerie de Beauchamps se servirait également du chemin de fer projeté pour l'écoulement de ses produits en sucres et en mélasses, qui sont actuellement embarqués à Boulogne, Calais et Dunkerque, en destination de l'Angleterre : on peut évaluer à 1310 tonnes la quantité de marchandises envoyées annuellement, par cette seule usine, dans la direction de la ligne du littoral ; le tracé de Saint-Valery offre à ce mouvement la voie la plus courte, 103 kilomètres par Incheville, Eu, Saint-Valery, au lieu de 119, qui se trouvent d'Incheville à Eu, Abbeville et Boulogne, et de 142 d'Incheville à Gamaches, Longpré et Boulogne.

Au point de vue de l'intérêt général, la Compagnie déclare, enfin, que le tracé par Saint-Valery complète la ligne du littoral de Dunkerque sur Dieppe et le Hâvre ; — qu'il est le plus économique, sa longueur étant moindre de 8 kilomètres; —qu'il est préférable au point de vue stratégique ; — qu'il est plus éloigné du chemin de fer de Longpré à Gamaches; — et qu'il relie, de la manière la plus directe, à l'ensemble du réseau des chemins de fer, le port de Saint-Valery qui est le seul du département.

Délibération de la Chambre de commerce d'Abbeville. — Analyse de ce document.

Sur l'invitation de *M. le Président*, *M. Monchaux* passe à la lecture du troisième document, qui est la délibération de la Chambre de commerce d'Abbeville, à la date du 28 octobre.

Un arrêté de M. le Préfet de la Somme du 8 septembre 1872, soumettant à l'enquête l'avant-projet d'un chemin de fer d'Abbeville à Eu, par Saint-Valery, et aux termes duquel la Compagnie de Frévent à Gamaches demande au Conseil général la concession de cette ligne, telle qu'elle a été étudiée par Messieurs les ingénieurs des ponts-et-chaussées, il appartient à la Chambre de commerce d'Abbeville de donner son avis sur l'utilité et la convenance de ce projet. Déjà, il ne faut pas l'oublier, la Chambre a, le 22 août, donné un avis favorable sur l'établissement d'une ligne d'intérêt général, allant directement d'Abbeville à Eu, dont la concession avait été antérieurement demandée par la Compagnie du Nord.

Il paraît à la Chambre résulter des déclarations de la Compagnie de Frévent à Gamaches, qu'elle n'aurait sollicité le tronçon de Longpré, que dans la pensée que la ligne de Béthune ne serait pas continuée vers la Normandie, et que la demande de cette Compagnie n'aurait pour but que d'éloigner la concurrence redoutable de la Compagnie du Nord. Comme le port de Saint-Valery tire son importance de ses rapports avec Amiens, Abbeville et la haute Somme, auxquels il est relié par un canal et une ligne de fer, et comme il ne s'agit pas, dans l'espèce, de créer une ligne de Boulogne à Eu (ligne qui ne serait construite que comme ligne d'intérêt local), mais bien une ligne d'intérêt général, ajoutant un nouveau tronçon à la grande ligne de Lille au Hâvre, il est utile de mettre en présence les résultats à obtenir ,par quelques chiffres, qui ont leur éloquence.

En 1871, il est entré en France deux millions de tonnes de houille anglaise, dont la Seine-Inférieure a reçu, à elle seule, le tiers; pendant cette même période, les ports de la Somme ne recevaient que 11,287 tonnes, ou 66 fois moins; or, la Seine-Inférieure, qui brûle une très-forte quantité de cette masse de houille, s'alimente très-peu des houilles belges et françaises ; c'est le contraire pour la Somme, qui ne demande à l'Angleterre que quelques charbons pour la forge, les foyers, ou la fabrication du gaz.

La société centrale pour l'amélioration des transports considère que cette proportion, pour la Seine-Inférieure, qui est de 6 pour les charbons anglais et de 1 pour le Nord, peut être renversée par la création d'une ligne directe concédée à une compagnie puissamment outillée et établie dans des conditions à donner aux grands trains de houille une certaine rapidité de marche : l'allongement de 9 kilomètres, par la variante de Saint-Valery, constituerait donc une lourde charge, qui ne saurait être acceptée par l'intérêt général.

Quant au canton d'Ault, qui pour ses fontes anglaises serait tributaire de Saint-Valery, il est bon de noter qu'un tiers de la consommation de fonte, pour la fabrication des articles en fonte malléable, est tiré de France ou de Suède et que, de plus, chaque tonne de fonte exigeant pour la fusion et la recuite de 4 tonnes à 4 tonnes 1/2 de coke, il y aurait grand préjudice à grever de 9 kilomètres, en sus, le parcours de ces matières importantes.

Dans la voie directe, la station de Valines est appelée à desservir tout à la fois les fabriques de toile de Chepy, d'Acheux et naturellement de Valines, ainsi que les maisons de serrurerie établies dans cette dernière commune et dans le centre si important de Feuquières ; quant à Cayeux, une station entre Friville et Fressenneville, assurerait largement son service de pêche.

Saint-Valery prétend que l'allongement de 9 kilomètres ne

4

pèserait pas sur le commerce, à cause de la partie de voie ancienne, entre Abbeville et Saint-Valery par Noyelles; car on ne ferait payer, pour ce parcours, aux produits transportés que leur part dans les frais d'entretien et d'exploitation, tandis que la ligne par Cahon étant plus longue à construire, coûterait plus à exploiter et contrebalancerait par cet excédant le parcours supplémentaire par Saint-Valery? Mais la Compagnie du Nord, juge intelligent de ses intérêts, ne paraît pas disposée à se charger de la voie par Saint-Valery et ne se prêterait pas à ces combinaisons, en supposant que la concession fut faite, par la variante, à la Compagnie de Frévent ; d'ailleurs, en règle générale, les Compagnies ne se préoccupent que des distances kilométriques, ou des intérêts de leur trafic, et ne s'inquiètent pas, si elles empruntent ou non une voie ancienne, pour exiger un prix différent.

Dans les tableaux annexés au dire de Saint-Valery, on ne trouve dans le chiffre de la population desservie par la ligne directe que 8328 habitants, tandis que, par Saint-Valery, la ligne en desservirait 15,346? d'abord, dans ces tableaux la population de Saint-Valery est comprise, il serait juste alors d'ajouter celle d'Abbeville; ensuite, puisque Saint-Valery compte toutes les communes longeant la voie à établir, à partir de Saint-Valery, il y aurait lieu de faire de même pour Abbeville, et de compter par exemple Cambron, qui a été omis, pour ne citer que cette commune; — Bourseville et Nibas sont aussi bien desservis par une ligne que par une autre et ne sont pas exclusivement à Saint-Valery : — d'autre part en comptant Cayeux qui est à 11 kilomètres de Saint-Valery, il faudrait compter les communes à 11 kilomètres d'Abbeville et l'on arriverait évidemment en portant le calcul sur des rayons ainsi uniformes à des conclusions opposées.

Enfin, l'établissement d'un nouveau pont sur le canal ; l'obligation de briser à Abbeville les trains venant de Béthune pour les reformer à Noyelles ; les retards, qui pourraient en résulter dans la marche des trains rapides de Paris à Calais, sont des raisons sérieuses, qui militent vivement en faveur du tracé direct, et dont il semble à la Chambre qu'on doive tenir le plus grand compte.

C'est pourquoi *la Chambre de commerce d'Abbeville déclare s'en tenir absolument aux conclusions insérées dans sa délibération du 22 août dernier.*

Après la lecture de ces pièces, **M.** *le Président* demande si quelque membre de la Commission désire prendre la parole.

M. *Douville de Maillefeu*, préoccupé d'une question d'équité, se demande s'il ne serait pas préférable, à cause de la ligne de Longpré au Tréport, de faire arriver seulement à Eu la ligne directe d'Abbeville, attendu que le prolongement jusqu'au Tréport aboutit à une impasse et ne peut que nuire à la ligne parallèle existant actuellement de Longpré au Tréport.

M. *le Président* répond que pour lui, aboutir à un port c'est loin d'aboutir à une impasse et qu'on ne peut que remercier la Compagnie du Nord d'avoir proposé la ligne, non-seulement d'Abbeville à Eu, mais le prolongement jusqu'au Tréport : ce qui abonde, d'ailleurs, ne vicie pas.

Au point de vue des tarifs, *M. Monchaux* pense que les deux ignes finiront par s'entendre, mais M. l'ingénieur en chef ne partage pas cette opinion, car les tarifs ne sont pas les mêmes pour une ligne d'intérêt général et pour une ligne d'intérêt local.

M. Brulé a la parole pour présenter quelques observations : quant à la question des tarifs, dit-il, si la distance par rails entre deux localités est de beaucoup supérieure à la distance par les voies ordinaires, les Compagnies adoptent souvent, ou le Gouvernement leur impose, au besoin, comme condition de la concession, pour l'établissement des tarifs, une distance moindre (1) que la distance par rails, c'est ce qu'on nomme dans la pratique la distance d'application : il existe à l'appui de cette assertion un décret du 27 mars 1852, approuvant la réunion de plusieurs lignes à celle d'Orléans.

M. *Brulé* ajoute que, s'il ne se trouve pas suffisamment compétent pour la question des houilles, il peut affirmer, pour l'approvisionnement des fontes, que le trajet direct n'est pas, autant qu'on le dit, dans l'intérêt du Vimeu. Saint-Valery est, en effet, le vrai marché, à cause de ses relations par le canal et le chemin de fer avec les Ardennes et d'autres départements ; les fondeurs du Vimeu y trouvent des fontes d'Angleterre et de Suède, dont une bonne partie a d'autres débouchés, ils n'ont pas ainsi à faire venir un chargement de cette matière première ; il ne faut pas oublier qu'une augmentation de parcours imposée à ces fontes profiterait aux producteurs et non pas aux consommateurs. — Enfin, en ce qui touche le pont tournant, M. *Brulé* fait ressortir les avantages que procurerait et les dangers qu'éviterait la suppression du pont actuel sur le canal ; il est facile, en jetant les yeux sur la ligne rouge du calque annexé au nouveau dire de Saint-Valery, d'apprécier l'amélioration qui résulterait de l'établissement d'un pont fixe au point indiqué.

M. *Douville de Maillefeu* regrette de répondre toujours la même chose ; il y a dans cette question deux intérêts généraux à desservir, et c'est ce qui fait la confusion perpétuelle, l'intérêt général de la grande ligne directe n'est pas discutable, mais on peut faire les deux et satisfaire tous les intérêts ; M. *Douville de Maillefeu* désire aussi rectifier une erreur dans le dire du Conseil municipal de Saint-Valery. Ce n'est pas neuf

(1) Il a été déjà répondu à cette objection, ci-devant, p. 21 et 22.

kilomètres qu'il faut compter en plus pour le parcours, mais bien 11 kilomètres, ce qui est énorme pour un trajet de 32 kilomètres ; le tracé direct qui rencontre tous les avantages, a pour lui la richesse du sol qu'il traverse, passe au milieu de contrées fort peuplées, et il a cette singulière bonne fortune d'avoir en sa faveur l'économie de construction.

Une discussion s'élève entre M. *de Rambures* et M. *Douville de Maillefeu* ; M. *de Rambures* défend le tracé proposé par M. l'ingénieur en chef *Frémaux*, car les communes de Friville–Escarbotin et Fressenneville, à l'égard du trafic, doivent être préférées à Feuquières ; M. *Douville de Maillefeu* se raccrochant au tracé de M. *Couche* présente une combinaison comme plus équitable, dit-il, au point de vue de tous les intérêts à desservir; Friville dans ce projet aurait la station à un kilomètre ; Fressenneville à 400 mètres de ses haies : ces communes seraient donc suffisamment satisfaites, et les observations de M. *de Rambures* tomberaient, et même profiteraient à l'argumentation contraire.

M. *le Président* fait remarquer à la Commission que la question est prématurée ; mais M. *Douville de Maillefeu* ne voit pas pourquoi on ne discuterait pas de suite le tracé définitif.

M. *Monchaux* fait observer que dans les questions de chemin de fer, il ne faut pas confondre l'avant-projet avec l'étude définitive; nous ne sommes encore qu'à l'avant-projet, et nous ne devons pas aller au delà. —M. l'Ingénieur en chef, parlant de ce qui se passe habituellement dans ces questions, cite pour exemple ce qui vient d'avoir lieu pour la ligne de Béthune à Abbeville, sur la partie comprise entre Béthune et Saint–Pol, dans les vallées de la Drave et de la Clarence : il y avait deux lignes en présence, au moment du tracé définitif, à déterminer ; dans ce cas, le Gouvernement a tranché la difficulté après enquête et c'est lui qui a prononcé ; on ne peut dire aujourd'hui qu'une chose, c'est que la ligne passera par ou près certains points principaux, mais jamais positivement par tel point fixe, en particulier.

M. *Geoffroy*, ingénieur ordinaire, émet un avis semblable.

M. *le Président* relit à la Commission les termes de l'arrêté préfectoral, qui ne laisse aucun doute sur sa véritable portée : notre mandat, dit-il, est très-bien défini, *nous n'avons à nous prononcer que sur la déclaration d'utilité publique de la ligne d'Abbeville à Eu et au Tréport passant par ou près tels points* comme cela se fait ordinairement ; d'ailleurs pour calmer toutes ces craintes, il est bon de rappeler que M. *Couche*, dans la dernière réunion tenue à Amiens, est venu nous dire qu'il ne demandait pas mieux que de combiner son tracé avec celui de M. *Frémaux*.

M. *Depoilly* demande s'il n'eut pas été possible de descendre vers Eu par la Croix-au-Bailly ? il lui est répondu par Messieurs les ingénieurs que cela était impossible à cause des pentes.

M. *le Président* propose à la Commission de décider que les procès-verbaux de ses séances seront réunis et imprimés en brochures, lorsqu'elle aura terminé ses travaux. Cette mesure est adoptée.

Enfin M. le Président met aux voix la question de savoir *si la Commission, malgré les dires nouveaux qui ont été produits et discutés à la séance, déclare maintenir son premier vote du 12 octobre dernier.*

La Commission persiste à la majorité de dix voix contre une.

La séance est levée à deux heures.

Séance du lundi 11 novembre 1872

L'an mil huit cent soixante-douze, à onze heures et demie, la Commission d'enquête, nommée par l'arrêté préfectoral du 3 août dernier, s'est réunie de nouveau à Abbeville dans l'une des salles de l'Hôtel-de-Ville.

Sont présents : Messieurs Courbet-Poulard, président ; Labitte ; Monchaux ; Depoilly ; Martel ; Guerville ; Van-Robais, secrétaire.

M. *Frémaux*, ingénieur en chef, assiste à la séance.

M. *le Président* communique à la Commission les lettres d'excuse de Messieurs *de Rambures* ; *Brulé* ; *Delattre* et *Douville de Maillefeu*, qui expriment leurs regrets de ne pouvoir assister à la réunion.

Absents : Messieurs Vayson et de Monnecove.

M. le Président fait connaître à la Commission que, le lendemain même de la séance du 30 octobre, il a reçu une lettre de M. *Labitte*, annonçant que son vote était naturellement acquis au tracé direct d'Abbeville à Eu et au Tréport et aux résolutions prises dans ce sens par ses collègues ; M. *Labitte* ajoutait avoir écrit en même temps à M. le Président de la Commission de la ligne d'Abbeville à Eu et au Tréport par Saint-Valery, pour l'informer également qu'il eut voté pour la ligne directe d'intérêt général ; c'est donc, dit M. le Président, dans notre Commission, une voix de plus pour la majorité si imposante qui s'y est déjà prononcée.

La Commission étant en majorité, M. *le Président* donne la parole à M. *Van-Robais*, secrétaire, pour la lecture du procès-verbal de la séance du 30 octobre dernier : le procès-verbal est adopté.

Aucun document nouveau n'étant produit, et aucun membre n'ayant d'observation à présenter, M. *le Président* déclare closes les opérations de la Commission d'enquête, et lève la séance à une heure et demie.

DOCUMENTS

PRODUITS

DEVANT LA COMMISSION D'ENQUÊTE

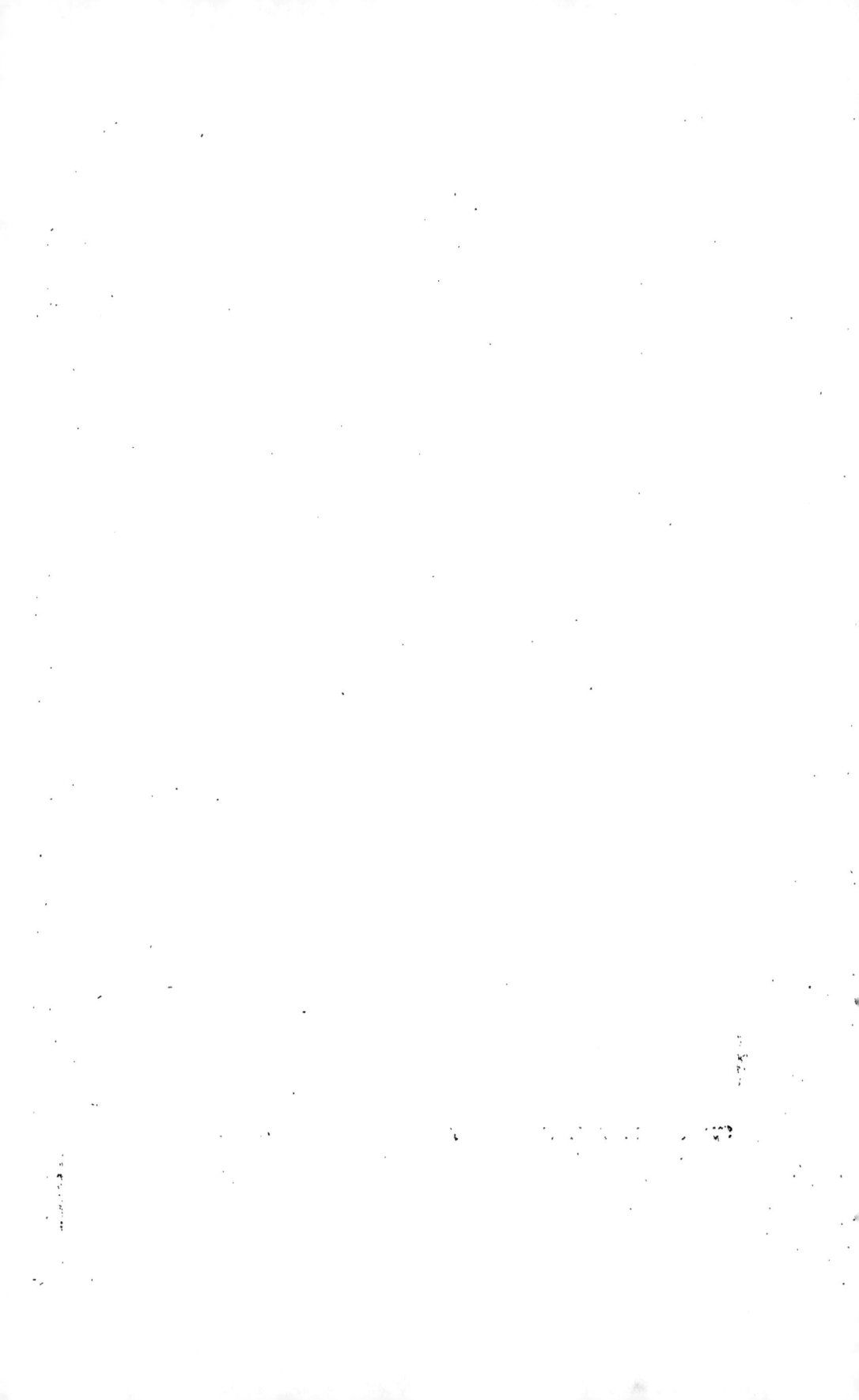

Compagnie du chemin de fer du Nord.

AVANT-PROJET D'UN CHEMIN DE FER D'INTÉRÊT LOCAL D'ABBEVILLE
AU TRÉPORT.

NOTICES DESCRIPTIVES

La ligne projetée d'Abbeville au Tréport, destinée à prolonger jusqu'au littoral les lignes de Lille à Béthune et de Béthune à Abbeville,
se détache de la ligne d'Amiens à Boulogne, à la sortie vers Boulogne de
la gare d'Abbeville. Elle sort immédiatement de la vallée de la Somme,
et monte le long du coteau qui en borde la rive gauche, jusqu'à la route
nationale n° 25 du Hâvre à Lille, qu'elle coupe au dessus de Cambron.
Elle profite alors de deux dépressions de terrain, pour franchir le faîte
qui sépare Cambron de Cahon, et redescendre vers cette commune dans
la vallée de la Trie. De là, elle remonte vers le plateau, en suivant la
gorge assez régulière qui de Cahon se dirige vers Feuquières-en-Vimeu.

Une fois sur le plateau, le tracé continue à monter avec lui en pente
douce jusqu'au sommet, en passant à proximité des villages de Chepy,
Valines, Feuquières-en-Vimeu, Fressenneville, Woincourt, Méneslies
et Yzengremer.

Du sommet atteint à la hauteur de Woincourt, la ligne suit le côté
droit du ravin qui descend à Oust-Marais, puis, s'infléchissant à droite,
elle descend jusqu'auprès de Mers sur le flanc des coteaux qui bordent la
vallée de la Bresle en coupant transversalement tous les petits vallons
latéraux.

Elle traverse alors la vallée de la Bresle pour aller se souder à la
station du chemin de fer d'Abancourt au Tréport qui dessert cette dernière localité.

La longueur totale de la ligne projetée est d'environ 36 kilomètres.

Les différences considérables de niveau qui existent entre les vallées
de la Somme et de la Bresle et le plateau qui les sépare obligent à adopter des pentes et rampes d'une déclivité supérieure à 0,10 pour une lon-

gueur totale de 6,500 mètres, savoir : 0^{m}0145 pour 1900^m, 0,012 pour 1900 + 1700 = 3600^m; et 0,0115 pour 1000 mètres. Ces fortes déclivités, ne portant isolément que sur de petites longueurs, et donnant ensemble moins du cinquième du parcours total, nous paraissent parfaitement acceptables pour cette ligne.

Dressé par l'Ingénieur en chef des ponts et chaussées, chargé des travaux et de la surveillance.

Paris, le 10 *juillet* 1872.

Signé : COUCHE.

Compagnie du chemin de fer du Nord. — Travaux et surveillance. — Bureau central.

Paris, le 17 *août* 1872.

MONSIEUR LE PRÉFET,

Nous avons adressé le 10 juillet dernier à monsieur le Ministre des travaux publics la demande en concession d'un chemin de fer d'Abbeville au Tréport, pour faire suite à notre ligne de Béthune à Abbeville. L'avant-projet est actuellement soumis à l'enquête d'utilité publique.

Dans sa session de novembre 1871, le Conseil général du département de la Seine-Inférieure a autorisé la concession, à MM. Delahante et Girard, d'une ligne de Dieppe à Eu.

Pensant qu'il y aurait intérêt à ce que cette dernière ligne fût liée avec celle dont nous avons demandé la concession, de telle sorte que la communication fût directement établie entre Dieppe et Lille, nous avons examiné si cette liaison était possible, et nous avons reconnu qu'en augmentant la pente à la descente dans la vallée de la Bresle, on pouvait établir un raccordement entre le chemin d'Abbeville au Tréport et la station d'Eu, commune aux lignes d'Abancourt et de Dieppe.

En conséquence, nous avons l'honneur de vous informer que, dans le cas où l'utilité de ce raccordement serait reconnue, nous sommes disposés à l'exécuter en même temps et aux mêmes conditions que la ligne d'Abbeville au Tréport.

Nous sommes, avec la considération la plus distinguée,
Monsieur le Préfet,
Vos très-obéissants et très-dévoués serviteurs.
Les Administrateurs.

DÉLEBECQUE, J. DECLERE

A Monsieur le Préfet de la Somme.

Conseil général de la Somme. — Session d'août 1872.

RAPPORT PARTIEL PRÉPARÉ POUR LA COMMISSION SPÉCIALE DES CHEMINS
DE FER AU CONSEIL GÉNÉRAL DE LA SOMME, PAR MONSIEUR COURBET-
POULARD, L'UN DE SES MEMBRES.

Chemin de fer d'Abbeville à Eu et au Tréport.

MESSIEURS,

Vous avez bien voulu, lors de votre dernière session, voter un crédit
de 6,600 francs pour payer les études d'un chemin de fer d'*intérêt local*
entre Abbeville d'un côté, et Eu de l'autre.

Ces études étaient sur le point de s'achever, lorsque, *motu-proprio*, la
Compagnie du Nord est intervenue, pour *demander* à l'Etat la concession
directe d'une ligne d'*intérêt général* entre ces deux villes, ajoutant
même un nouvel aboutissement, au premier, dans la Seine-Inférieure,
l'aboutissement du Tréport.

L'intervention dont il s'agit, Messieurs, a tout à coup changé la face
des choses, et, de suite, *la ligne à grande section, objet de la concession
demandée, a été mise aux enquêtes.*

Menacée par ce qu'il lui plaît d'appeler une concurrence (concurrence,
dans tous les cas, sur laquelle elle devait inévitablement compter un
jour ou l'autre), la Compagnie de Doullens à Gamaches, *et ultrà*, s'est
émue, nous le concevons parfaitement.

Nous avons dit, Messieurs, qu'elle devait inévitablement compter sur
ce qui arrive aujourd'hui :

D'abord, parce que la continuation de la ligne de Béthune à Dieppe,
que la subvention de l'Etat n'accompagnait pas au delà d'Abbeville,
cette continuation (1) s'imposait forcément;

Ensuite, parce qu'il n'était pas possible que la Compagnie de Doullens
à Gamaches eût la candeur de penser :

1° Qu'Abbeville se verrait, en toute résignation, condamnée à tourner le

_____

(1) Ceci, pour répondre à l'allégation de la Compagnie de Frévent à Gamaches,
quand elle prétend « qu'elle n'a soumissionné le tronçon de Longpré-les-Corps-
« Saints à Gamaches, devant conduire au Tréport par la vallée de la Bresle,
« que parce qu'elle pensait avoir les raisons les plus sérieuses de croire qu'on
« n'établirait pas ultérieurement une ligne concurrente d'Abbeville à Eu... »

dos à Eu, pour s'y rendre à grands frais, en décrivant un long circuit (1) par Longpré, Airaines, Oisemont, Martainneville et Gamaches.... alors qu'Abbeville attendait toujours le complément du réseau, dont son *Comité central* avait poursuivi l'idée jusqu'à présent ;

2° Que le district industriel du Vimeu consentirait à rester indéfiniment en dehors du mouvement général, en restant en dehors de la circulation ferrée dont il a tant besoin, vu l'importance énorme de son industrie, industrie serrurière (2), industrie textile (3)....

3° Que Saint-Valery subirait, comme irrévocable, la nécessité de remonter jusqu'à Longpré et de parcourir ainsi. . . .   96 kilomètres. pour parvenir à Eu, dont il n'est séparé que par. . .   20   id. actuellement.

Différence. . . . .   76 kilomètres

Quoi qu'il en soit, Messieurs, la Compagnie de Doullens à Gamaches s'est émue vivement ; aussi, s'est-elle empressée de former, vis-à-vis de la demande en concession introduite par la Compagnie du Nord, une demande exactement dans le même sens.

Cette demande, bien entendu, porte sur les mêmes intérêts à satisfaire et sur les mêmes moyens d'y pourvoir, c'est-à-dire que la Compagnie de Doullens à Gamaches propose, elle aussi, une ligne à grande section, qu'elle grefferait sur la ligne à grande section venant de Béthune...., ligne qui appartient évidemment au Nord (4) et que le Nord sollicite naturellement l'autorisation de conduire en Normandie.

(1) D'Abbeville à Eu, par la route nationale................   30 kilomètres.
     »   par la voie ferrée actuelle.............   74   »
                Différence.............   44 kilomètres.

(2) D'après les évaluations qui, bien qu'approximatives, nous inspirent beaucoup de confiance, le poids des *matières premières importées* dans le Vimeu est de....   11,904,000 k.,   soit, au prix du transport.......   295,080 fr.

Le poids des *matières fabriquées, exportées* du Vimeu, est de.......   2.450.000 k.   soit, au prix du transport.......   136,250 fr.
Ensemble   14,354,000 k.,   —   431.330 fr.

5,200 ouvriers se partagent 3.690,000 de main d'œuvre, sur..   6,017,500 fr. qui forment le montant de l'exportation des produits, dont......   1,860,074 fr. représentent l'importation ; ce qui laisse uniquement...........   447,426 fr. pour les frais et bénéfices des patrons.

(3) Selon les données que nous avons lieu de croire exactes, la fabrication des toiles du Vimeu atteindrait le chiffre d'un million à un million et demi ; les 3/4 ou environ de cette marchandise passeraient par la halle d'Abbeville. — Le nombre des ouvriers occupés au tissage, dont il s'agit, serait de 1,200, ou à peu près.

(4) Quand on rappelle que *M. de Forcade de la Roquette* avait dit : « Au delà « d'Abbeville, je ne concède plus rien », cela voulait dire : « Je ne concède « plus rien... *avec subvention.* » — Ce ministre, qui a montré dans la discussion, je le sais, une droiture et une loyauté dont Abbeville n'a eu qu'à se féliciter, ce ministre n'eût certainement pas refusé une concession à titre gratuit.

Autrement, s'il y avait, en présence, une ligne d'*intérêt général* et une simple ligne d'*intérêt local*, l'affaire semblerait jugée dès maintenant.

Dans ces conjectures, Messieurs, c'est à l'État, puisqu'il s'agit d'une ligne d'*intérêt général*, que les deux Compagnies demanderesses ont à s'adresser, notre rôle se bornant, dès lors, à donner un avis, rien qu'un avis.

Il nous a paru, en conséquence, que nous n'avions pour le moment rien à faire, rien à dire sur ce sujet.

On parle de deux, trois et même quatre projets, pour desservir, d'une manière ou de l'autre, *le Vimeu industriel, qui se félicite généralement du tracé auquel s'est tenu M. Frémaux*, ingénieur en chef, qui connaît les lieux de vieille date pour les avoir pratiqués souvent, pendant qu'ils étaient dans son ressort comme ingénieur de l'arrondissement d'Abbeville.

Attendons que l'enquête ait éclairé pleinement la question à travers les divergences de direction et de détail qui voudraient se produire ; — mais ne nous dessaisissons pas de *la ligne droite* (1), qui est, *seule*, la *la ligne d'intérêt général*.

Pendant que la situation se dégagera, sous ce rapport, vis-à-vis des populations intéressées, sous un autre rapport, elle se dégagera, vis-à-vis du Ministère des travaux publics, quant à la compétition des deux Compagnies, qui se disputent la ligne d'après laquelle la ville d'Abbeville aspire non moins vivement que le Vimeu lui-même, dont la fabrication, soit serrurière, soit textile, avaient droit depuis longtemps à obtenir une satisfaction qui va leur être donnée, enfin, et complétement si, comme nous n'en saurions douter, la concession suit de près la déclaration d'utilité publique, fruit obligé de l'enquête, et si, comme nous sommes sérieusement fondés à l'attendre, l'exécution suit de près la concession, une fois régulièrement acquise.

(1) Saint-Valery, du reste, n'aurait pas à se plaindre de la ligne droite, c'est-à-dire aussi droite que possible que nous tracerions, nous, d'Abbeville à Eu, puisque, si nos vœux se réalisaient, d'un point de cette ligne, vers Friville, par exemple, un tronçon de raccordement descendrait jusqu'à son port, en desservant les intérêts variés du parcours.

Extrait du registre aux délibérations du Conseil municipal de la Ville d'Abbeville.

Séance du 4 octobre 1872.

L'an mil huit cent soixante-douze, le 4 octobre, à sept heures précises du soir, le Conseil municipal s'est réuni au lieu ordinaire de ses Séances, sous la présidence de M. COURBET-POULARD, Maire.

ÉTAIENT PRÉSENTS :

MM. BRIEZ ET MALLET, adjoints ; BELIN, BELLETTRE, BERTRAND, BOIZARD, BRIET-LÉVÊQUE, CARDON, CARPENTIER, CHIVOT, COULOMBEL, CRUSEL, DELIGNIÈRES, DUBUS, FLANDRIN, FRANÇOIS, FRÉMAUX, HÉNOCQUE, DE MONNECOVE, RIQUIER Ernest, SAUVAGE, WATEL et DE CAÏEU, secrétaire.

Le Conseil,

Vu l'article 3 de l'arrêté préfectoral en date du 3 août 1872, invitant les conseils municipaux à délibérer sur l'utilité et la convenance de l'avant-projet d'un chemin de fer d'Abbeville au Tréport, destiné à former le prolongement de la ligne de Béthune à Abbeville ;

Considérant que la section à construire entre Abbeville et le Tréport n'est que la continuation de la ligne de Béthune à Abbeville ; que, dès lors, les raisons d'utilité publique qui ont déterminé, en 1868, la concession de cette ligne, doivent s'appliquer également à son prolongement ; qu'en effet l'exécution de ce tronçon doit supprimer la seule solution de continuité qui, après l'achèvement des lignes concédées dans la Somme et la Seine-Inférieure, aurait intercepté les communications directes entre Lille et le Hâvre ; qu'en reliant le Nord et la Normandie par la voie la plus courte, elle prépare l'échange de leurs produits, rapproche Lille et toute la frontière belge de leur centre d'approvisionnement et affranchit toute la basse Seine des houilles anglaises au profit du bassin houiller de Béthune : conséquences économiques et commerciales qui avaient frappé les législateurs de 1868 et leur avaient fait reconnaitre dans la ligne de Béthune à Abbeville tous les caractères de l'utilité publique ;

Considérant que, pour rester dans ses conditions d'intérêt général, il est nécessaire que la voie nouvelle soit reliée à la station d'Eu, de manière à donner accès sur la Normandie.

Considérant qu'en traversant le Vimeu, la ligne nouvelle met en communication rapide des cantons et des communes que l'éloignement privait presque de toute relation avec le chef-lieu et les autres parties de l'arrondissement ;

Qu'elle relie sa principale industrie, la serrurerie picarde, au mouvement général, à tous les grands centres de consommation, et va lui permettre désormais de demander toutes ces matières premières à la production nationale, en secouant la dépendance de l'étranger ;

Considérant que l'avant-projet présenté par la Compagnie du Nord répond aux intérêts généraux du pays, en abrégeant les distances sur une voie destinée à devenir une ligne à grand trafic ; qu'il satisfait aussi le mieux aux intérêts généraux de Vimeu :

1° En traversant la partie de son agriculture à la fois la plus riche et la plus privée de communications avec les voies d'écoulement ;

2° En se plaçant à la portée de la fabrication des toiles de Chepy, Acheux et Valines, obligée jusqu'ici de faire venir à grands frais ses matières premières du chef-lieu et d'y ramener ses produits dans les mêmes conditions ;

3° Enfin en trouvant groupés sur son passage la plupart des usines où se fabrique la serrurerie picarde. Le tracé côtoie, en effet, les principaux centres de cette importante production, amène presque à pied d'œuvre toutes ses matières premières pour les reprendre ensuite fabriquées, rendant désormais inutiles les nombreux et coûteux attelages dont chaque chef d'usine avait dû s'imposer la charge ;

Qu'en outre d'assurer l'économie et la rapidité des transports, il met encore les établissements industriels du Vimeu en communication directe avec Abbeville, où se traite une partie si considérable de leurs affaires;

Considérant que si le tracé indiqué dans l'avant-projet s'écarte sensiblement des centres importants de la production serrurière, tels que Fressenneville, Friville-Escarbotin, Tully et Béthencourt, il résulte des explications fournies par son auteur qu'il n'a rien de définitif, et qu'il se combinera, en dernière analyse, avec celui étudié par M. Frémaux, ingénieur en chef de la ligne de Béthune à Abbeville, pour une ligne d'intérêt local entre Abbeville, Eu et Tréport, de manière à donner satisfaction aux intérêts engagés ; que, dès lors, la ville d'Abbeville n'a plus qu'à recommander aux préférences de la Compagnie concessionnaire le tracé qui se rapprochera le plus des communes intéressées;

Considérant qu'à tracé si direct, si rationnel, Saint-Valery oppose une variante qui, en suivant la ligne de Calais, depuis Abbeville jusqu'à Noyelles, décrirait un angle dont cette ville sera le sommet ;

Considérant que ce tracé plus long de 9 à 10 kilomètres que celui de l'avant-projet, apporterait une gène et une entrave aux transactions commerciales sur tous les points qu'il desservirait, en frappant leurs produits d'un surcroît de taxe pour le supplément de parcours qu'il leur imposerait, en leur infligeant, en outre, des retards par suite de l'encombrement de la section empruntée à la ligne de Calais. Le chemin de Lille au Hâvre doit donner lieu à un trafic considérable, surtout entre ses deux points extrêmes ; le tronçon d'Abbeville à Eu et Tréport doit être exécuté en vue de ce grand mouvement d'affaires, et non de l'intérêt particulier d'une petite ville, si respectable qu'il puisse être. En empruntant la voie de Calais jusqu'à Noyelles, les trains de la ligne nouvelle devront franchir l'estacade, construite pour les besoins limités de Saint-Valery et de son rayon, mais qui ne pourrait évidemment suffire aux exigences du nouveau service : ils devront, en outre, traverser le canal sur un pont tournant qui ne pourra livrer passage aux navires qu'à l'heure de la marée. Ce pont pourra-t-il, dans cet intervalle assez court, satisfaire à la fois aux besoins de la navigation et de l'industrie ? Les trains devant toujours passer de préférence aux navires, quel sera le sort de ces derniers ? et, en admettant qu'après une longue attente, ils puissent définitivement entrer dans le canal, pourront-ils en sortir, en franchissant cet autre pont déjà si occupé qui ferme le port d'Abbeville, et qui, immobilisé par le nouveau trafic, achèvera d'interdire la navigation ?

Considérant que, au point de vue même des intérêts serruriers, dont Saint-Valery se réclame, ses prétentions ne sauraient être admises ; qu'en effet, si l'on excepte Cayeux qui, dans tout état de choses, ne peut aller ailleurs qu'à Saint-Valery, aucune des communes placées sur la variante ne possède d'usine et n'a de transports à effectuer ; qu'à Escarbotin seulement commencent les départs et les arrivées de marchandises ; qu'ainsi tout le mouvement industriel estacquis à la ligne directe. Qu'en ce qui concerne les fonderies de Tully, Dargnies et Friville-Escarbotin, si, d'un côté, elles tirent leurs fontes brutes d'Angleterre par Saint-Valery, elles reçoivent, de l'autre, leur coke de la Belgique par Abbeville ; que la consommation du coke l'emportant en poids sur celle des fontes, l'avantage reste encore à l'actif de la ligne directe. Qu'enfin la serrurerie faisant venir tous ses fers de l'intérieur et y expédiant tous ses produits, le tracé direct lui assure, à ce point de vue, des avantages tels qu'on ne saurait s'arrêter aux considérations secondaires que font valoir les adversaires du projet ;

Considérant que Saint-Valery objecte, en vain, que la voie directe le dépouille pour enrichir le Tréport ? Les seuls articles demandés par la serrurerie picarde à l'étranger sont les charbons de forge et les fontes brutes : or, l'ouverture du chemin direct d'Abbeville à Eu et Tréport lui permettra désormais de demander tous ses charbons au bassin de Béthune : et, quant aux fontes anglaises, les habiles fondeurs de Tully et Dargnies commencent à leur préférer les fontes françaises. Si donc il y a un jour un déplacement d'intérêts, ce sera au profit exclusif de l'industrie nationale : nos hauts fourneaux et nos fonderies en recueilleront seuls le bénéfice.

Par ces motifs, le Conseil est d'avis

Qu'il y a utilité publique à prolonger la ligne de Béthune à Abbeville jusqu'au Tréport ;

Que ce tronçon doit se diriger en ligne directe, et l'avant-projet de la Compagnie du Nord se combiner avec les études faites par M. Frémaux, de manière à conduire la voie nouvelle entre Fressenneville et Friville-Escarbotin et à établir une station entre ces deux importantes localités ;

Que cette ligne soit reliée à la station d'Eu et raccordée à la ligne d'intérêt local de cette ville à Dieppe.

Fait et délibéré en séance, les jour, mois et an que dessus, et ont, les membres présents, signé après lecture.

COURBET-POULARD, BRIEZ, MALLET, BELIN, BELLETTRE, BERTRAND, BOIZARD, BRIET-LÉVÉQUE, CARDON, CARPENTIER, CHIVOT, COULOMBEL, CRUSEL, DELIGNIÈRES, DUBUS, FLANDRIN, FRANÇOIS, FRÉMAUX, HÉNOCQUE, DE MONNECOVE, RIQUIER ERNEST, SAUVAGE, WATEL, DE CAÏEU.

Délibération du Conseil municipal de la commune de Friville-Escarbotin.

L'an 1872, le 11 octobre, le Conseil municipal de la commune de Friville-Escarbotin s'est réuni, au lieu ordinaire de ses séances, sous la présidence de M. le Maire, pour apporter son dire à l'enquête ouverte sur l'avant-projet d'un chemin de fer d'intérêt local d'Abbeville à Eu avec variante par Saint-Valery.

La séance étant ouverte, monsieur le Maire rappelle que, dans l'assemblée du 29 août dernier, le Conseil a déjà été appelé à délibérer sur l'avant-projet d'un chemin de fer d'intérêt général allant d'Abbeville à Tréport par Eu, et qu'il lui paraît que les deux avant-projets, examinés dans leur ensemble, n'en font, pour ainsi dire, qu'un seul.

Il invite le Conseil à délibérer. Après discussion approfondie, il aborde : 1° la question d'utilité publique.

Considérant que, dans sa séance du 29 août dernier, le Conseil a déclaré regarder, comme étant d'intérêt général, la confection d'un rail way d'Abbeville au Tréport, formant le prolongement de la ligne de Béthune au Hâvre ;

Considérant que l'enquête, aujourd'hui ouverte sur l'avant-projet d'un chemin de fer d'Abbeville à Eu, comporte la question, déjà jugée, à cette différence qu'elle délimite le tracé à la ville d'Eu au lieu de le prolonger jusqu'au Tréport;

Considérant que cette restriction ne saurait modifier la décision prise dans la séance précitée,

Le Conseil déclaré persister dans son dire et le renouveler :

« Qu'il y a utilité publique à la confection d'un chemin de fer d'Abbeville au Tréport. »

Et pour répondre à la question nouvelle il ajoute : « Qu'il y a également utilité publique à la confection d'un rail way d'Abbeville à Eu. »

2° En ce qui touche la convenance du tracé, le Conseil croit devoir entrer dans les considérations ci-après :

La ligne en projet doit être regardée comme faisant partie du 4° réseau et être classée comme ligne d'intérêt général ; dès lors, il paraît évident au Conseil qu'elle doit s'emparer de la voie la plus directe, mais en tenant compte toutefois des intérêts spéciaux des populations appelées à être traversées ou desservies par ce chemin.

Au premier rang, dans ces intérêts, il faut placer les besoins afférents à la serrurerie et aux nombreuses industries qui s'y rattachent : fonte, cuivre, acier, etc...

En examinant la conformation du district serrurier, on reconnaît tout de suite que son noyau principal est le canton d'Ault, et son centre, la commune de Friville-Escarbotin.

Dans ce canton, pas un seul village, pas un hameau qui n'appartienne tout entier à l'industrie des serrures. Il ressort de ce simple exposé que, pour donner satisfaction à la masse des intérêts de la serrurerie, il faut que la ligne projetée traverse le canton d'Ault, en s'approchant le plus possible de Friville-Escarbotin, son centre. Nous avons reconnu déjà que le tracé de M. Frémaux avait tenu compte des intérêts en question, puisque ce tracé, aujourd'hui mis à l'enquête, *entre dans le canton serrurier*, tandis que l'avant-projet de la compagnie du Nord n'est qu'une *tangente* à ce canton.

Tout le monde sait, en effet, que le domaine de la serrurerie a pour limites au sud : Feuquières, Dargnies, Embreville, et que les deux premières communes, précisément touchées par ce tracé, n'appartiennent pas au canton d'Ault.

Non-seulement la commune de Friville-Escarbotin appelle le railway par sa position géographique, comme point de centre des industries serrurières, mais elle l'appelle encore par son mouvement industriel et commercial qui est d'une importance considérable.

En effet, cette commune représente :

Pour l'exportation : 800,000 kilogrammes de serrures et cuivre fabriqués, pour une valeur annuelle de plus de 2,000,000 de francs.

Et pour l'importation : 4,000,000 kilogrammes d'acier, fer, charbons, limes, etc., c'est-à-dire un tiers environ du trafic total, produit de la serrurerie.

Elle possède un marché toujours grandissant, qui sera bientôt l'un des plus considérables du département.

Indépendamment des raisons spéciales que nous venons d'indiquer en faveur du tracé de M. Frémaux, on ne saurait oublier que le chemin de fer de Frévent à Gamaches passe à Maisnières, c'est-à-dire à 4 kilomètres de Feuquières, et qu'il est désirable à tous égards que la ligne *projetée* s'éloigne le plus possible de la ligne *exécutée*.

En conséquence, le Conseil appuie chaleureusement le tracé direct de M. Frémaux.

Mais si la ligne d'Abbeville au Tréport et à Eu, passant par ou près Friville-Escarbotin, satisfait tout à la fois à la masse des intérêts généraux, à la masse des intérêts spéciaux des industries serrurières et à la somme des besoins locaux, il ne saurait pourtant y avoir satisfaction complète de tous ces intérêts que par l'addition d'une ligne qui, venant de Saint-Valery, irait se souder à la voie principale d'Abbeville à Eu. Nous allons essayer de le démontrer.

Qui ne voit tout d'abord que ce raccordement serait extrêmement profitable aux voyageurs et aux marchandises montant de la Seine-Inférieure vers le Pas-de-Calais et l'Angleterre?... En outre il serait stratégique, puisqu'il courrait à une faible distance de nos côtes : voilà pour les intérêts généraux. — Pour ceux afférents au département, il est à peine besoin d'indiquer que Saint-Valery est le seul port de la Somme; qu'il importe à tout le département de voir le commerce de ce seul port, non diminuer, mais grandir ; que l'isolement devrait nécessairement priver Saint-Valery, au bénéfice du Tréport, de l'importation des cokes et des charbons, qu'il resterait au port de la Somme le monopole de l'importation des fontes, parce que cette matière première n'est pas consommée seulement dans le Vimeu, mais qu'elle est expédiée par la voie du canal jusqu'à Amiens et même plus loin, pour alimenter une partie du nord de la France.

Il suivrait de là que ces fontes, en continuant de venir par roulage, dans le district serrurier, grèveraient de frais onéreux notre belle industrie qui, pour soutenir une lutte inégale, a singulièrement besoin de protection et d'économie dans ses prix de revient. On ne peut, en effet, supposer que ces fontes remonteraient à Abbeville pour accomplir un parcours triple, alors que ce parcours serait grevé encore de plusieurs chargements et déchargements.

Enfin, le raccordement de Saint-Valery à Woincourt rendrait de grands services aux populations rurales; il couperait le canton d'Ault du nord au sud ; le tracé direct le traverserait de l'est à l'ouest; les communes d'Arrest, Saint-Blimont, Vaudricourt, Bourseville, Nibas, etc.., trouveraient de grands avantages dans l'exécution de ce raccordement, et tous les intérêts auraient pleine satisfaction.

Nous sommes convaincus, en outre, que les deux lignes, ayant l'une et l'autre d'importants trafics, seraient, pour les compagnies, une source de prospérité.

Le Conseil se résumant, à l'unanimité, demande l'exécution , comme ligne d'intérêt général, d'un rail way d'Abbeville à Eu et Tréport, par ou près Friville-Escarbotin, et l'exécution, comme chemin d'intérêt local, d'un raccordement de Woincourt à Saint-Valery tel qu'il est actuellement mis à l'enquête.

Fait et délibéré les jour, mois et an ci-dessus.

Chambre de commerce d'Abbeville.

Extrait du Registre aux délibérations de la Chambre de Commerce de l'arrondissement d'Abbeville.

SÉANCE DU 22 AOUT 1872.

L'an mil huit cent soixante-douze, le 22 août, la Chambre de Commerce d'Abbeville est réunie dans le local ordinaire de ses séances, sous la présidence de M. A. Monchaux.

Sont présents : MM. A. Monchaux, président ; Henri Ledieu, secrétaire ; Alfred Lottin, Charles Lemaître, Riquier, Édouard Demay, Auguste Ricquier, membres.

Monsieur le Président donne lecture à la Chambre de l'arrêté pris par M. le Préfet de la Somme, le 3 août 1872, à l'effet de soumettre à l'enquête l'avant-projet d'un chemin de fer d'Abbeville au Tréport, destiné à former le prolongement de la ligne de Béthune à Abbeville.

D'après l'article 3 de cet arrêté, la Chambre de Commerce d'Abbeville est invitée à délibérer sur l'utilité et la convenance du projet présenté. M. le Président dépose sur le bureau les diverses pièces du dossier de l'avant-projet, ainsi que le dossier relatif à un chemin d'intérêt local d'Abbeville à Eu, avec variante partant de Saint-Valery et se dirigeant sur Eu, étudié par suite d'un vote du Conseil général de la Somme.

Il est donné ensuite lecture à la Chambre des diverses pièces de ces dossiers, et d'une lettre écrite par la Compagnie du Nord à M. le Préfet de la Somme, pour faire connaître à ce magistrat que, dans le cas où l'utilité du raccordement du chemin de fer d'Abbeville à Tréport, avec la ligne de Dieppe à Eu, serait reconnue d'utilité publique, cette Compagnie serait disposée à l'exécuter aux mêmes conditions que la ligne principale, dont elle demande la concession.

M. le Président communique, en outre, à la Chambre, le texte de la délibération prise par le Conseil d'arrondissement le 19 juillet dernier, à la suite des observations présentées le 11 du même mois par la Chambre à M. le Sous-Préfet, sur la question du tracé du chemin de fer entre Abbeville et Eu.

Après cette communication, la discussion ayant été ouverte et s'étant engagée, tant sur la question d'utilité publique que sur celle du meilleur tracé à suivre, M. le Président fait remarquer à l'assemblée que la Compagnie du Nord a demandé la concession d'un chemin direct d'Abbeville au Tréport. Cette concession ne saurait avoir lieu, dit-il, qu'après qu'elle aura été l'objet d'un décret d'utilité publique ; il s'agit, dès lors, pour la Chambre, de faire connaître si, dans son opinion, il y a utilité publique à la création du chemin indiqué dans la notice de la Compagnie ; c'est le seul point à résoudre quant à présent. Incontestablement toute nouvelle ligne de fer soulève des questions de tracé basées sur les intérêts particuliers qu'elle touche, mais ces questions viendront en temps et lieu, et alors que l'étude définitive sera faite et mise aux enquêtes. Les populations intéressées auront ultérieurement la possibilité de faire leurs observations, et l'on compromettrait l'œuvre de la concession en mêlant les questions de tracé à celles de l'utilité publique, l'enquête ayant pour but l'examen d'un projet déterminé et non de connaître s'il est plus convenable de faire partir d'Abbeville ou de Saint-Valery un chemin d'intérêt local, dont la concession n'est pas demandée.

Un membre, tout en reconnaissant que la Chambre de Commerce d'Abbeville n'est saisie, quant à présent, que d'une question d'utilité publique, croit devoir présenter les considérations qui, suivant lui, devraient déterminer, tant au point de vue stratégique qu'à celui des intérêts maritimes et commerciaux, la création de la ligne par Saint-Valery : d'après ce membre, l'industrie serrurière des cantons de Saint-Valery et d'Ault vient prendre ses approvisionnements de houille, coke, fontes, à Saint-Valery ; il insiste sur l'importance des fonderies de Tully et de Dargnies, et il pense que la ligne directe d'Abbeville au Tréport aurait pour résultat de déplacer au profit de ce dernier port une bonne partie du mouvement de celui de Saint-Valery, que tout l'arrondissement souffrirait de ce déplacement ; il ajoute que les chemins de fer, établissant les prix de transport d'après les distances d'applications pour les matières premières ou celles donnant lieu à un grand trafic, il n'y a pas lieu de se préoccuper des quelques kilomètres supplémentaires qu'imposerait aux produits fabriqués la ligne par Saint-Valery, et que, du reste, il ne faut pas méconnaître l'intérêt qu'il y a à favoriser Saint-Valery, qui sera à même d'apporter un large contingent de prospérité à l'arrondissement auquel il appartient, lorsque son port sera doté d'un bassin à flots et d'un remorqueur.—Il est répondu à ces observations qu'elles sont dictées par l'intérêt exclusif de Saint-Valery qui, parce qu'il a bénéficié depuis plusieurs années de la faible distance qui le sépare des usines du Vimeu serrurier, voudrait conserver ce privilége, au détriment de ces usines qui ont un intérêt évident à se trouver reliées par la voie la plus directe possible aux lieux d'où elles tirent leurs matières premières, et à ceux où elles expédient leurs produits fabriqués ;

Que la création du chemin direct d'Abbeville à Eu et au Tréport devant avoir pour conséquence d'amener au centre même du district serrurier les fers de la Champagne et des Ardennes, les houilles de la Belgique et du Pas-de-Calais, qui jusqu'ici ne pouvaient y arriver que par terre, le tracé de la ligne par Saint-Valery n'empêcherait pas la perte d'une grande partie du trafic allant de ce port dans le canton d'Ault, et la concurrence que les houilles françaises viendraient faire aux charbons anglais.

Les produits de la serrurerie étant expédiés dans l'intérieur de la France, l'argument du rapprochement de Saint-Valery pour les fontes pouvait donc être retourné, est-il ajouté, puisque, par la variante, les produits fabriqués seraient grevés sans exception d'un transport supérieur, et quelque respectable que fût l'intérêt de Saint-Valery, il fallait reconnaître que la ligne directe était appelée à desservir d'autres intérêts qui avaient une plus grande importance ; il était nécessaire de tenir compte de celui de tout l'arrondissement à être relié directement à son chef-lieu, des relations de l'industrie serrurière avec Paris et le centre de la France. Le désir de Saint-Valery ne tenait pas compte des motifs qui faisaient un devoir de rendre la ligne de Lille au Hâvre par Abbeville la plus directe et la plus courte possible. Le tracé proposé par la Compagnie n'étant qu'un avant-projet, pouvait être l'objet de modification de détail, dont le résultat serait de rapprocher la ligne projetée de Friville-Escarbotin et des autres communes serrurières, et de donner à ces communes toute satisfaction.

La proposition de modifier le tracé en le faisant passer par Saint-Valery, soit suivant les indications de la variante du projet d'intérêt local, soit le long du canal, compromettrait les intérêts généraux de la ligne, ceux de l'ensemble de l'arrondissement, et pourrait avoir pour résultat d'amener la Compagnie du Nord à retirer sa demande de concession ; il y aurait donc lieu de ne pas s'écarter des termes de l'enquête.

Après ce débat, la Chambre, à la majorité de cinq voix contre une, prend la délibération suivante :

Considérant qu'à la suite des études faites en 1866 et 1867, l'État a reconnu l'importance que présentait pour l'intérêt général du Nord de la France une ligne qui, partant de la frontière de Belgique et de Lille, irait rejoindre le Hâvre par Abbeville et Dieppe; — Que cette importance est établie dans l'exposé des motifs de la loi du 18 juillet 1868 ; qu'elle a été sanctionnée par l'avis du Corps législatif et du Sénat, qui avaient été chargés de l'examen de la loi ci-dessus indiquée, et par les sacrifices consentis par l'État, lors de la concession à la Compagnie du Nord du réseau de Béthune à Abbeville ;

Que des faits nouveaux, la hausse des houilles et celle des fers, hausse qui a pris naissance en Angleterre, sont venus démontrer la nécessité d'une exécution très-rapide de la ligne concédée et de sa continuation, en vue d'affranchir le plus vite possible l'industrie de notre région et notre marine ;

Considérant que c'est comme prolongement de la ligne de Béthune à Abbeville que la Compagnie du Nord sollicite la concession du tronçon d'Abbeville à Eu et au Tréport ; que cette concession est d'accord avec les considérations d'utilité développées dans les exposés des motifs et rapports précités ; que la nouvelle ligne sera utile à l'industrie du Nord, qu'elle rapprochera du Hâvre ; à celle de la Normandie, à laquelle elle facilitera l'arrivée des houilles du Pas de-Calais ; qu'il y a avantage à assurer son exploitation par la Compagnie du Nord, comme ligne d'intérêt général faisant partie d'un grand réseau où le service est plus régulier, plus rapide et plus économique que celui d'une ligne d'intérêt local, concédée à une compagnie particulière.

Que ce tronçon est également d'utilité publique au point de vue des intérêts de l'arrondissement d'Abbeville ; qu'il mettra en communication directe les cantons nord de l'arrondissement avec ceux de Moyenne-ville et d'Ault, avec une partie des cantons de Gamaches et de Saint-Valery ; qu'il est appelé à desservir tout à la fois les intérêts agricoles du Vimeu qui est d'une très-grande fertilité, et ceux de l'industrie serrurière de Picardie ; qu'il assurera enfin à un grand nombre des communes de ces cantons une communication directe avec le chef-lieu d'arrondissement où convergent des intérêts importants et de nombreuses voies de communication ;

Que si l'étude préliminaire de l'avant projet, présenté par la Compagnie du Nord, diffère en certains points de l'étude du chemin de fer d'intérêt local dressé par M. Frémaux, il est aujourd'hui reconnu que les deux projets peuvent, dans une étude définitive, et dans les parties les plus essentielles, être fondues en une seule, de façon à donner toute satisfaction aux communes du Vimeu agricole et à l'industrie serrurière ; qu'il suffit de longer à partir du Quesnoy la route sur le côté droit vers Eu, jusqu'au dessus de Fressenneville, afin de desservir également Feuquières, Fressenneville, Friville, Tully, Béthencourt, etc., où sont établies les principales et les plus importantes maisons de serrurerie ; que la station d'Yzengremer doit exister dans les divers tracés et qu'elle desservira, outre cette commune, celles de Woincourt, Dargnies, Beauchamps, dans les conditions les plus convenables, au point de vue de la proximité ;

Que dès lors l'étude définitive du projet conciliera facilement, sans supplément de dépenses, sans allonger le parcours de la ligne de fer, tant les intérêts généraux de toute la région de Lille à Dieppe, que ceux des cantons agricoles et serruriers ;

Que sur ce point, du reste, la Chambre adopte les considérations gé-

7

nérales indiquées au chapitre IV du mémoire explicatif de M. l'Ingénieur Geoffroy sur le trafic de la ligne d'Abbeville à Eu ;

Considérant toutefois, que la ville de Saint-Valery réclame à son profit la création du chemin projeté qui devrait se souder, à Saint-Valery, au tronçon allant sur Noyelles ;

Que la Chambre de Commerce, dans la lettre adressée en son nom à M. le Sous-Préfet le 11 juillet dernier, a fait ressortir les nombreux inconvénients de ce tracé au point de vue de la navigation de Saint-Valery à Abbeville ; qu'elle ne peut que s'en référer à ses observations qui ont été l'objet des délibérations du Conseil d'arrondissement, et ont été suivies d'un vote de ce corps en faveur de la ligne directe ; que pour souder cette ligne à celle de Noyelles, il faudrait traverser la Somme sur un pont tournant d'une dépense très-élevée de construction, et exigeant des frais de service considérables ; que ce pont serait une entrave de chaque jour à la navigation, les passages des trains devant toujours avoir le pas sur le passage des navires et devant, par conséquent, empêcher très-souvent la navigation de se faire dans la même marée, du port de Saint-Valery à Abbeville et réciproquement ;

Considérant encore que la Compagnie du Nord, dans le but de ne pas entraver le service rapide de la ligne de Paris à Calais, a exigé que la ligne de Béthune à Abbeville passât, en arrivant à ce dernier point, au dessus de la voie d'Amiens à Boulogne, de façon à ce que les trains de Béthune ne viennent jamais se confondre dans les voies des trains rapides ; que le tracé par Saint-Valery ramènerait les inconvénients que l'on a voulu éviter à Abbeville ;

Qu'il n'a, du reste, d'autres intérêts à sauvegarder que celui des relations du commerce local de Saint-Valery avec Saint-Blimont, Arrest et Friville, et le transit des fontes anglaises allant soit à Tully, soit à Dargnies ;

Qu'il y a lieu de faire remarquer que la ligne directe rencontre, dans son tracé, un ensemble d'intérêts plus nombreux que ceux qui se présentent sur la variante par Saint-Valery ;

Que, dans l'appréciation du trafic de Saint-Valery avec le canton d'Ault, il faut tenir compte de ce fait, que la création d'une ligne de fer, ayant des stations à Valines, Fressenneville ou Friville et Yzengremer, amènera directement à ces diverses stations les wagons de houille, coke et fonte, qui aujourd'hui ne peuvent dépasser Saint-Valery ; que ce trafic appartiendra à la ligne quelle que soit sa direction et non pas seulement à la variante par Saint-Valery ;

Que les relations de ce dernier point avec Tully et Dargnies, ainsi qu'avec les autres communes, tout en ayant une certaine importance, ne sont pas suffisantes pour déterminer, à elles seules, un allongement de 9 à 10 kilomètres, imposer de nouvelles entraves à la navigation et faire renouveler la faute qui a été faite lors de l'établissement de la ligne de Longpré à Gamaches, laquelle est si préjudiciable à Abbeville ;

Que du reste, pour concilier tous les intérêts, il suffirait de raccorder Saint-Valery par une voie posée le long du canal, à la ligne se dirigeant, suivant l'étude du projet du chemin d'intérêt local, sur Quesnoy, Valines et Yzengremer, par Cahon, à la station de Gouy ; qu'il n'y aurait pour exécuter ce raccordement ni achat de terrain, ni terrassement à faire.

Par tous ces motifs, la Chambre émet l'avis qu'il y a utilité publique à la création d'un chemin de fer d'intérêt général qui, se soudant à Abbeville à la ligne arrivant de Béthune, la prolongerait directement jusqu'à Eu, et irait en même temps au Tréport ;

Que la ligne directe d'Abbeville à Eu et au Tréport devra être exécutée suivant le tracé qui tiendra tout à la fois compte de l'avant-projet de la Compagnie du Nord, qui est soumis à l'enquête, et de l'étude du chemin direct d'Abbeville à Eu, dressé sous les ordres de M. Frémaux, de façon à ce qu'il passe entre Fressenneville et Friville-Escarbotin et à ce qu'il puisse être créée une station entre ces deux localités ;

Qu'il y a également utilité publique à ce que cette ligne soit raccordée à la station d'Eu avec celle venant de Dieppe, afin d'en assurer le prolongement sur la Normandie ;

Que la concession à la Compagnie du Nord, assurant tout à la fois une exécution plus satisfaisante et une exploitation plus complète et plus économique, doit être préférée.

Pour expédition conforme :

Le Président de la Chambre de Commerce,

A. MONCHAUX.

SÉANCE DU 10 OCTOBRE 1872.

L'an mil huit cent soixante-douze, le dix octobre, la Chambre de Commerce d'Abbeville est réunie dans le local ordinaire de ses séances, sous la présidence de M. A. MONCHAUX.

Sont présents : MM. A. MONCHAUX, président; RAFFIER-DUFOUR, sous-préfet; Alfred LOTTIN, Charles LEMAITRE, Auguste RICQUIER, J. VAYSON, membres.

M. le Président donne lecture à la Chambre de l'arrêté de M. le Préfet de la Somme, en date du 8 septembre 1872, qui met à l'enquête l'avant-projet d'un chemin de fer d'Abbeville à Eu, présenté par M. Frémaux avec une variante par Saint-Valery.

Il résulte de cet arrêté que la Compagnie de Frévent à Gamaches a demandé au Conseil général de la Somme la concession de la ligne d'Abbeville à Eu, telle qu'elle a été étudiée par MM. les Ingénieurs des Ponts-et-Chaussées, mais que cette Compagnie ne s'est pas expliquée sur le tracé qu'elle entend suivre.

M. le Président invite la Chambre à prendre une délibération, en conformité de l'art. 3 dudit arrêté, qui l'autorise à formuler son avis sur l'utilité et la convenance du projet présenté. — Il ajoute que déjà la Chambre, à la date du 22 août, a délibéré sur la création de la ligne projetée, dont la concession a été demandée antérieurement par la Compagnie du Nord, comme ligne d'intérêt général.

La question de tracé, le mérite de la variante et la convenance qu'il y aurait à concéder la ligne à construire à la Compagnie du Nord ont déjà été débattues, et la Chambre, dit M. le Président, sera probablement d'avis de confirmer les motifs et les conclusions de la délibération précitée.

Toutefois elle devra examiner si l'intervention de la Compagnie de Frévent à Gamaches, et si le dire déposé à la première enquête par les représentants de Saint-Valery, ne doivent pas donner lieu à de nouvelles observations.

Un membre fait remarquer que le Conseil général de la Somme n'aurait pas dû intervenir en présence de la lettre de M. le Ministre des travaux publics qui ordonnait la mise aux enquêtes d'un projet de chemin d'intérêt général dont la concession était demandée par la Compagnie du Nord.

Les Conseils généraux ont évidemment, en vertu de la loi de 1865, à s'occuper des chemins d'intérêt local, mais seulement lorsque l'État ne paraît pas disposé à les faire exécuter comme chemin d'intérêt général. Il y a dans la double enquête quelque chose de contradictoire qu'il croit devoir signaler.

Un autre membre dit qu'il résulte des déclarations de la Compagnie de Frévent à Gamaches, qu'elle n'avait sollicité la ligne partant de Longpré que dans la pensée que le tronçon de Béthune à Abbeville ne serait pas prolongé sur la Normandie. Il ne voit dans la demande de la Compagnie qu'une tentative pour faire obstacle à la demande de concession faite par la Compagnie du Nord, et empêcher ainsi une concurrence redoutable.

Il ajoute que la Compagnie de Frévent, en admettant qu'elle soit résolue à exécuter la ligne, ne l'établirait que comme chemin d'intérêt local et ne l'exploiterait que dans les conditions de la voie qu'elle a exécutée entre Longpré et Eu, c'est-à-dire d'une façon complétement insuffisante. Il pense donc que la Chambre doit maintenir sa préférence pour la Compagnie du Nord, qui construira la ligne comme chemin d'intérêt général.

Un autre membre fait remarquer que l'importance du port de Saint-Valery, sur laquelle les habitants de Saint-Valery s'appuient dans leur dire, vient surtout de ses rapports avec Abbeville, Amiens et la Haute-Somme, auxquels il est relié par un canal et une ligne de fer. Il ne s'agit pas dans l'espèce de créer une ligne de Boulogne à Eu, mais bien d'ajouter un nouveu tronçon à la grande ligne de Lille au Hâvre.

Le but à atteindre est de venir disputer aux houilles anglaises le marché de la Seine-Inférieure. Il y a là un intérêt national de premier ordre que l'on peut apprécier par quelques chiffres. — En 1871 il est entré en France 2 millions de tonnes de houille; or la Seine-Inférieure en a reçu à elle seule 680,250 tonnes, soit le 1/3 de l'importation totale dans toute la France.

Pendant cette même période, les ports de la Somme ne recevaient de cette provenance que 11,287 tonnes, soit 66 fois moins. — Il est vrai que la Seine-Inférieure ne consomme pas seule cette masse énorme de houille, mais ce département en brûle une très-forte partie, la houille belge et française n'y arrivant qu'en faible quantité, tandis que le département de la Somme s'alimente en grande partie dans le nord et ne demande à l'Angleterre que quelques charbons de forge, de foyers, ou propres à la fabrication du gaz.

La société centrale pour l'amélioration des transports considère que la proportion de l'approvisionnement de la Seine-Inférieure, qui est de 6 pour le charbon anglais et de 1 pour le charbon du Nord, peut être renversé par la création de nouvelles lignes qui raccourciront le transport et en diminueront le prix. Mais pour atteindre ce but, il faut ne concéder de voie ferrée qu'à une Compagnie puissamment outillée, ne laisser établir de ligne que par les tracés les plus courts, et dans des conditions qui permettent de donner aux grands trains de houille une grande rapidité de marche.

L'allongement de 9 kilomètres qu'entraînerait la voie par Saint-Valery constituerait une lourde charge qui ne saurait être acceptée par l'intérêt général.

Quant à l'intérêt du canton d'Ault, qui serait tributaire obligé de Saint-Valery pour les fontes anglaises, le même membre fait observer que la consommation de fonte pour les articles en fonte malléable est estimée s'élever à 600,000 kilogrammes environ, dont un tiers environ est tiré de France ou de Suède. — Or, en supposant que ces 600,000 tonnes fussent grevées, en passant par Abbeville, de quelques kilomètres de plus de transport, il y a à tenir compte d'un élément très-important.

Chaque tonne de fonte exige pour la fusion et la recuite 4 tonnes à 4 tonnes 1/2 de coke qui doivent toutes emprunter la voie du Nord jusqu'à Abbeville, et seraient grevées de 9 à 10 kilomètres de plus. Il en serait de même de tous les fers venant des forges et de tous les produits fabriqués qui sont expédiés sur Paris et l'intérieur de la France.

Il y a lieu de faire remarquer que la voie directe dessert d'une façon plus complète les intérêts industriels des cantons d'Ault et de Moyenneville. La station de Valines est appelée à desservir tout à la fois les fabriques de toiles de Chepy et d'Acheux, Valines et les maisons de serrurerie établies soit dans cette dernière commune, soit dans le centre si important de Feuquières. Quant à la pêche de Cayeux, elle aura à son service la station située entre Frivile et Fressenneville, qui à 2 kilomètres près sera à la même distance que Cayeux de Saint-Valery.

Dans le dire de Saint-Valery, on s'est livré à de longs calculs pour établir que l'allongement de 9 kilomètres ne pèserait sur le commerce que pour 2 kil. 806, et pour arriver à ce résultat, on a posé comme principe que la Compagnie du Nord avait déjà à sa disposition la portion de voie comprise entre Abbeville et Saint-Valery par Noyelles ; que pour cette portion elle n'avait à demander aux produits transportés que leur part dans les frais d'entretien et d'exploitation, tandis que pour la portion à construire entre Saint-Valery et Eu, la charge de construction et d'entretien pèserait tout entière sur les produits transportés. — Que la voie directe par Cahon présentant un plus grand nombre de kilomètres à construire, par conséquent coûterait plus à exploiter et que cet excédant viendrait contre-balancer une partie du parcours supplémentaire par Saint-Valery.

Les représentants de Saint-Valery concluent de cet ordre d'idées, qu'il y aura lieu de tenir compte de la différence résultant de l'usage d'une voie déjà existante. — Mais ils oublient que la Compagnie du Nord, qui est le meilleur juge de ses intérêts, ne paraît pas disposée à se charger de la voie par Saint-Valery ; et qu'en supposant que la concession soit faite par la variante à la Compagnie de Frévent, on ne saurait supposer que la première Compagnie consentirait à se prêter à ce genre de combinaisons. Du reste, jamais les Compagnies de chemins de fer n'ont consenti à rédiger leurs tarifs en faisant payer aux marchandises, suivant qu'elles empruntent une voie ancienne ou une voie nouvelle, un prix différent.— Les Compagnies se préoccupent des distances kilométriques ou des intérêts de leur trafic et ne vont pas au delà.

Le même membre ajoute encore que d'après le tableau inséré dans le dire de Saint-Valery, on ne trouve comme chiffre de population desservi par la ligne directe que 8,328 habitants, tandis que la ligne par Saint-Valery présenterait 15,346 habitants.

Dans ces tableaux la population de Saint-Valery est comprise, il serait juste d'ajouter celle d'Abbeville, et puisque Saint-Valery compte toutes les communes longeant la voie à établir à partir de Saint-Valery, il y aurait lieu de faire de même pour Abbeville.

Ainsi Cambron a été omis, et d'autre part Bourseville et Nibas seront aussi bien desservis par une ligne que par l'autre et n'appartiennent pas exclusivement à Saint-Valery. D'autre part, en comptant Cayeux situé à 11 kilomètres de Saint-Valery, il faudrait également compter les communes situées à 11 kilomètres d'Abbeville et en rectifiant dans le sens indiqué ci-dessus les chiffres de population longeant les voies mises à l'enquête, on arriverait à d'autres conclusions que celles qui ont été formulées dans le dire de Saint-Valery.

En terminant, le même membre fait observer que les représentants de Saint-Valery ne se sont pas préoccupés des entraves que créerait à la navigation l'établissement d'un nouveau pont sur le canal.

L'obligation de briser à Abbeville les trains venant de Béthune pour les reformer à Noyelles ; l'inconvénient des retards qui pourraient en résulter dans la marche des trains rapides de Paris à Calais, sont des éléments dont il y a lieu de tenir compte et qu'il croit devoir rappeler.

Il pense, au surplus, que la Chambre doit persister dans les conclusions arrêtées par sa délibération du 22 août.

Après les observations ci-dessus, la résolution suivante est mise aux voix et adoptée :

La Chambre, se référant à sa délibération du 22 août dernier, déclare persister dans les conclusions insérées dans ladite délibération, et tendante à ce que le prolongement sur Eu et le Tréport de la ligne de fer de Béthune à Abbeville soit déclarée d'utilité publique. — A ce que ce prolongement soit exécuté suivant le tracé qui tiendra à la fois compte de l'avant-projet de la Compagnie du Nord et de la ligne directe étudiée par M. Frémaux, de façon à passer par Quesnoy-le-Montant, à longer Valines, et à conduire la nouvelle voie entre Fressenneville et Friville, afin de pouvoir établir une station entre ces deux localités ;

Que ce prolongement soit raccordé à Eu avec le chemin de Dieppe et qu'il soit concédé à la Compagnie du Nord comme chemin d'intérêt général.

La Chambre décide, en outre, qu'une expédition de la délibération du 22 août et de celle qu'elle vient de prendre, avec les observations qui l'ont précédée, sera adressée à M. le Sous-Préfet pour être jointe au procès-verbal de l'enquête qui est en ce moment ouverte.

Pour expédition conforme :

Le Président de la Chambre de Commerce,

A. MONCHAUX.

Saint-Valery-sur-Somme. — Tribunal de commerce.

5 SEPTEMBRE 1872.

Extrait des Registres aux délibérations du tribunal de Commerce de Saint-Valery-sur-Somme.

Les soussignés, Président du Tribunal de commerce, Maire, Adjoints, membres du Conseil municipal et du Tribunal de commerce de la ville de Saint-Valery-sur-Somme, en présence des différents tracés proposés pour relier Abbeville à Eu par un chemin de fer, se prononcent de la manière la plus formelle pour celui qui passe par Saint-Valery.

Ils considèrent :

Que l'intérêt de Saint-Valery en lui-même est d'une sérieuse importance au point de vue du bien général et de la prospérité du département de la Somme ;

Que cet intérêt est d'accord avec celui du district serrurier qu'on se propose de desservir ;

Qu'en tenant compte enfin de trois éléments de la question, cet intérêt est d'accord aussi avec l'intérêt général ;

Les soussignés rappellent à l'appui de cette opinion :

Que lorsqu'il fut question en 1846 d'établir un chemin de fer d'Abbeville à Dieppe pour relier les réseaux du Nord et de l'Ouest, les études faites sur l'ordre de M. Dumont, ministre des travaux publics, par M. Doyat, ingénieur en chef de la Seine-Inférieure, furent dirigés par Saint-Valery et Eu.

Le génie militaire consulté à cette époque fut d'avis qu'au point de vue de la défense du littoral, le chemin devait passer par Saint-Valery. qui est à dix kilomètres de la mer.

Saint-Valery, presqu'aussi rapproché de Paris que Dieppe, est le principal port du département de la Somme. Le chenal par lequel il est en communication avec la mer s'est successivement approfondi de 2 m. 60

En 1829, les eaux s'y trouvaient à la marée basse à 4 m. 80 en contrebas du niveau des marées d'équinoxe.

$$\text{ci} \quad \ldots \ldots \ldots \ldots \ldots \quad 4 \text{ m. } 80$$
$$\text{en } 1849 \ldots \ldots \ldots \ldots \ldots \quad \text{à } 6 \text{ m. } 40$$
$$\text{en } 1871 \ldots \ldots \ldots \ldots \ldots \quad \text{à } 7 \text{ m. } 40$$

Ainsi le port de Saint-Valery, qui ne pouvait recevoir en 1829 que des navires tirant 3 m. 50, en reçoit aujourd'hui dans les mortes eaux ayant un tirant d'eau de 4 m. et plus, et dans les vives eaux de 5 m. et plus.

Le mouvement du port depuis 1849 accuse un progrès qu'accélèrera certainement, en diminuant le frêt, l'établissement d'un remorqueur qui fonctionne depuis cette année, et qui a rendu déjà de grands services à la navigation.

Saint-Valery à reçu en 1849 : 221 navires jaugeant 18,454 tonneaux ; en 1859 : 238 navires jaugeant 21,327 tonneaux. . . . . et du 1er juin 1871 au 1er juin 1872, 408 navires jaugeant 34,785 tonneaux.

D'autre part, Saint-Valery est la tête du canal de la Somme, et cette circonstance lui donne une importance évidente au point de vue de l'intérêt public.

De Saint-Valery à Abbeville, le tirant d'eau du canal est de 3 m. 40, la distance est de 15 kilomètres 614 mètres ; pour ces deux motifs, il y a intérêt à ce que Saint-Valery devienne de plus en plus le point de jonction entre la navigation maritime et la navigation fluviale.

Port de mer, en relation par le canal avec Amiens, les Ardennes et d'autres départements ; par le chemin de fer du Nord, d'un côté avec Boulogne et Calais, de l'autre avec Amiens, Saint-Valery, est dans de bien meilleures conditions que le Tréport, comme marché d'approvisionnement, pour le district serrurier. Il a, dès à présent, de très-grands avantages, que n'aura jamais le Tréport, qui n'a pas de canal, et ne peut desservir qu'une zone fort limitée.

Ces avantages sont, aux yeux des soussignés, de sérieuses raisons pour que Saint-Valery ne soit pas laissé en dehors d'une ligne d'intérêt général de Lille au Hâvre.

Une des principales objections faites au tracé d'Abbeville à Eu par Saint-Valery, c'est que ce tracé est plus long de 9 kilomètres 180 mètres que le tracé direct.

Pour être ramené à sa juste valeur, cette objection demande à être sérieusement examinée. Avant d'entrer dans la discussion, les soussignés font remarquer qu'il est extrêmement délicat de préjuger les intentions des compagnies concessionnaires, en matière d'application de tarifs. Les compagnies sont entièrement libres de faire varier les tarifs dans les limites de leur cahier des charges, et le résultat de ces variations peut être de changer entièrement les termes de comparaison entre deux tracés de longueur inégale.

En effet, il importe peu au public que la distance de transport soit augmentée, si le prix total du transport n'augmente pas dans la même proportion.

Messieurs les ingénieurs du département pensent que la compagnie du Nord, concessionnaire de l'entreprise, appliquerait uniformément sur la ligne nouvelle les tarifs réduits, établis depuis quelques années sur l'ensemble de son réseau.

Les soussignés ne croient pas pouvoir partager cette manière de voir. La statistique du chemin montre que si l'on ajoute aux dépenses d'exploitation 5 p. 0/0 du capital de premier établissement, pour intérêt et amortissement, et si l'on compare le total aux produits de l'exploitation, toutes les lignes dites du nouveau réseau sans exception sont en déficit.

En présence d'un pareil fait, il est permis de penser que, sans tomber dans la même exagération que la Compagnie de Frévent à Gamaches, la Compagnie du Nord sera amenée à appliquer sur la ligne nouvelle des tarifs plus élevés que les tarifs réduits dont il vient d'être question.

Ces préliminaires posés, voici dans quel esprit les soussignés pensent qu'on doit établir la comparaison entre les deux autres tracés :

8

En admettant, des deux côtés, un trafic équivalent, il résulterait de l'allongement de 9 kilomètres 180 mètres une perte annuelle pour le commerce évaluée à 112,970 francs par MM. les ingénieurs.

Il n'y aurait rien à dire à ce raisonnement et à ce chiffre, si la ligne d'Abbeville à Eu par Saint-Valery était à construire dans toute son étendue, comme la ligne qui lui est comparée d'Abbeville à Eu par Cahon. Mais la question ne se présente pas dans ces termes. La ligne d'Abbeville à Eu par Cahon comporte 33 kilomètres 809 mètres de voie nouvelle, et la ligne par Saint-Valery ne comporte que 25 kilomètres 859 mètres, différence en moins 7 kilomètres 950 mètres, puisqu'elle emprunte 17 kilomètres 130 mètres à la ligne actuellement existante d'Abbeville à Saint-Valery, qui continuera à être exploitée de toute manière.

Il résulte de cette circonstance une modification ou plutôt une réduction possible dans les tarifs à appliquer sur ces 17 kilomètres 130 mètres, au trafic considéré par MM. les Ingénieurs, réduction dont ils n'ont pas tenu compte. Ces tarifs, en effet, devront être moins élevés que ceux appliqués sur la voie nouvelle ; d'abord parce qu'on n'aura pas à demander aux produits de l'exploitation l'intérêt et l'amortissement du capital de premier établissement ; et ensuite, parce que les frais de transport sur une ligne déjà exploitée, dont le trafic sera simplement augmenté d'un certain tonnage, seront nécessairement moindres que les frais de transport du même tonnage sur une voie nouvelle.

MM. les Ingénieurs ont évalué la dépense de premier établissement de la ligne d'Abbeville à Eu par Cahon à 120,600 francs par kilomètre, et le produit brut kilométrique à 15,304 francs. Si on déduit de ce produit l'intérêt à 5 p. 0/0 de 120,600 francs représentant le capital de premier établissement, soit 6,030 francs, il reste une somme de 9,274 francs pour les frais annuels d'entretien et d'exploitation et pour les bénéfices de l'entreprise.

Demander pareille somme à chacun des 17 kilomètres empruntés à la ligne du Nord, ce serait demander trop en raison de la différence déjà signalée entre la dépense nécessaire pour obtenir sur une voie nouvelle le mouvement correspondant à un certain tonnage et celle nécessaire pour augmenter du même tonnage le trafic d'une ligne en exploitation.

Si on considère que MM. les Ingénieurs ne comptent, comme trafic nouveau, sur la ligne de Boulogne, qu'une partie du trafic admis sur la ligne à construire, ce qui doit réduire les frais de traction ;

Si on considère surtout qu'en empruntant une ligne en exploitation, on a tout au plus à augmenter un peu le personnel déjà existant et à améliorer certains traitements, tandis qu'on a tout un personnel à créer sur

.une ligne nouvelle, et que, dans le premier cas, le matériel et le combustible seraient manifestement beaucoup mieux utilisés que dans le second, on trouvera qu'une réduction de 1/6, sur le chiffre ci-dessus de 9,274 francs, est certainement très-modérée.

On est ainsi conduit à donner, par an, à chacun des 17 kilomètres 130 mètres empruntés à la ligne de Boulogne, au lieu de 9,274 francs, 7,728 francs 35 c. pour l'entretien, l'exploitation et un certain bénéfice à raison du trafic nouveau considéré,

soit en tout. . . . . 132,385 fr. 63,

On a vu plus haut que ce trafic, aux tarifs adoptés, doit payer par an 112,970 francs pour 9 kilomètres 180 mètres.

On devrait donc lui demander par an 97,832 francs 70 pour 7 kilomètres 950 mètres de voie nouvelle répondant, sur la ligne par Cahon, aux 17 kilomètres 130 mètres empruntés à la ligne du Nord par le tracé par Saint-Valery.

Ce trafic n'aura donc à supporter en passant par Saint-Valery qu'un excédant de dépense de   132,385 fr. 63
                                                                                       97,832 fr. 70

                                                                              soit   34,552 fr. 93

et non pas 112,970 francs, comme le disaient MM. les Ingénieurs.

Les soussignés pensent être en droit de conclure qu'il y aura lieu de tenir compte au commerce de cette différence, soit par une réduction des tarifs, soit, ce qui revient au même, en conservant ces tarifs, par l'adoption d'une distance réduite ou distance d'application à employer pour le trafic nouveau, au lieu de 17 kilomètres 130 mètres.

Cette distance d'application doit être telle, que la différence de 9 kilomètres 180 mètres entre les deux tracés comparés soit réduite dans le rapport de 112,970 à 34,553, ou de 3,272 à 1.

On voit donc qu'en dernière analyse le tracé par Saint-Valery n'imposera au commerce qu'un excédant de parcours de 2 kilomètres 806 mètres, moins de 3 kilomètres au lieu de 9 kilomètres 180 mètres.

Et si l'on considère l'allongement de parcours, et par suite le surcroît de dépense que le tracé par Cahon imposera aux marchandises venant de Calais, Boulogne, ou de Saint-Valery à destination d'Escarbotin, Eu, Dieppe, etc., les soussignés pensent qu'on restera convaincu que l'intérêt public n'est pas si opposé qu'on a bien voulu le dire à l'intérêt de Saint-Valery.

Il faut remarquer, en effet, que si la ligne projetée doit servir à relier Lille au Hâvre, elle fait partie aussi d'une ligne de fer allant de Dunkerque à Calais, Boulogne, Noyelles, Dieppe, etc., jusqu'à Brèst. Sur cette voie, destinée à mettre les populations du Nord et celles de l'Ouest en prompt rapport les unes avec les autres et avec l'Angleterre, il ;s'établira certainement un courant de voyageurs et de marchandises qui ne doit pas être négligé.

D'après le rapport de MM. les Ingénieurs, la ligne du littoral ne peut espérer faire concurrence au cabotage, en ce qui concerne les transports entre Dieppe, Lille et Béthune. Malheureusement les faits prouvent le contraire, attendu que le cabotage a diminué considérablement depuis l'ouverture du chemin de fer.

En ce qui concerne les voyageurs sur cette ligne du littoral, les soussignés insistent sur les relations des populations du littoral avec les ports et font observer que l'intérêt de l'État est que ces relations trouvent une voie prompte et courte. Ils rappellent au point de vue local que les cantons de Nouvion, de Rue et de Crécy, à proximité de la station de Noyelles, ont le même intérêt que Boulogne pour leurs relations avec le Vimeu et la Normandie.

En ce qui concerne les marchandises, les soussignés citent comme devant être appelés à circuler sur la nouvelle voie :

Les farines, biscuits, huiles, tourteaux et bois de construction, expédiés par les moulins Packham de la ville d'Eu vers le Pas-de-Calais ;

Les vieux cordages et chiffons expédiés de Boulogne à la papeterie de Pont-et-Marais ;

Les salaisons, les ciments et chaux de Boulogne ;

Les fontes brutes et ouvrées de Marquise ;

Les sucres bruts du Nord et du Pas-de-Calais ;

Les graines oléagineuses, les blés, les produits fabriqués du Pas-de-Calais ;

Les laines et autres produits expédiés de Londres à Boulogne pour la Normandie.

Le tracé par Cahon, comparé à celui par Saint-Valery, grèverait tout ce trafic d'un allongement de parcours de 15 kilomètres 950 mètres ainsi décomposé :

8000 mètres sur la ligne du Nord ;

7950 mètres sur la voie nouvelle.

Quant aux marchandises venant de Saint-Valery à destination d'Escarbotin, Eu, Dieppe, etc., elles auraient à souffrir un excédant de frais répondant à un allongement de parcours de 27 kilomètres 950 mètres par chemin de fer, ou à une augmentation du fret pour la montée des navires à Abbeville (s'élevant par tonne à 2 fr.), plus un allongement de parcours par chemin de fer de 7 kilomètres 950 mètres.

Pour les fontes et autres matières premières que le district serrurier tire chaque année d'Angleterre, ce surcroît de dépense couvre celui que le tracé par Saint-Valery imposerait aux matières premières venant d'Amiens, Montataire, etc., et aux produits fabriqués à destination d'Amiens et de Paris, par l'excédant du parcours de 3 kilomètres qui représente, comme nous l'avons démontré plus haut, la différence de parcours entre les deux lignes.

Le district serrurier a tiré jusqu'ici d'Angleterre la houille qu'il consomme. Son intérêt, sans parler de la qualité de la houille anglaise, est de continuer à avoir cette houille à sa disposition, ainsi que la houille française. Or, tandis que la houille anglaise arrive à Saint-Valery grevée par tonne de 12 francs environ pour frêt, douane et déchargement, la houille française n'aura à payer pour frais de transport des mines du Pas-de-Calais à la ville d'Eu que 7 fr. 50 par tonne.

Ce n'est donc pas le cas de chercher à obtenir sur ce dernier prix une réduction de 0,15 (3 k. 022 $\times$ 0,04) par une combinaison dont l'effet serait d'imposer à la houille anglaise une augmentation de   0 fr. 3180 (7 k. 950 $\times$ 0,04), plus pour le frêt de Saint-Valery à Abbeville

$$\frac{\qquad\qquad 2}{\text{2 fr. 31}}$$

En tout, par tonne   2 fr. 31

Par ce qui précède, les soussignés pensent avoir démontré que l'intérêt public et l'intérêt du district serrurier sont en faveur du tracé par Saint-Valery.

Seulement ils ont admis un trafic équivalent sur la ligne par Saint-Valery et la ligne par Cahon, ils doivent appuyer cette partie de leur raisonnement par les considérations suivantes :

Il leur paraît certain qu'une augmentation de parcours, de moins de 3 kilomètres, ne détournera pas de la ligne par Saint-Valery le transit qui suivrait la ligne par Cahon.

Quant aux transports d'Abbeville pour les points compris entre Fressenneville, Eu, Dieppe et Rouen, et réciproquement, le prix de transport d'une tonne de marchandise par le roulage est de 8 francs au moins d'Abbeville à Eu ; de 4 fr. 80 environ d'Abbeville à Fressenneville. Ces prix deviendront avec le chemin de fer par Saint-Valery.

3 fr. 41 c. au lieu de 8 fr.
2 » 33   id.   4 » 80.

Il n'est donc pas possible que le roulage soutienne la concurrence.

Reste à comparer les rapports locaux de Port, Gouy, Le Quesnoy et Valines avec les rapports locaux d'Arrest, Saint-Blimont et de toutes les communes du littoral.

Or, si on considère le chiffre des populations desservies, on trouve le long de la ligne par Cahon 8328 habitants ainsi répartis :

Port-le-Grand, Saigneville et Cahon, ensemble	1200
Le Quesnoy	721
Miannay	1108
Franleu	771
Acheux	1058
Chepy	1122
Feuquières	1676
Valines	672
	8328

Et le long de la ligne par Saint-Valery   15,346 habitants,

Savoir :

10146 pour les communes de Saint-Valery, Pendé, Estrebœuf, Arrest, Saint-Blimont, Bourseville et Nibas,

Et 5200 pour les communes de Cayeux, Lanchères, Brutelles et Woignarue que la ligne par Saint-Valery a seule le grand avantage de desservir.

Cayeux compte	3026	habitants.
Lanchères	1124	
Brutelles	338	
Woignarue	712	
	5200	habitants.

Quant au mouvement des produits et marchandises,

Pendé a un moulin à vapeur qui consomme par mois 20 tonnes de houille environ ;

Saint-Blimont a une râperie qui détermine par an un mouvement de 18000 tonnes tant en betteraves qu'en pulpes. Il est certain que le chemin de fer passant par Saint-Valery prendra sa part de ce mouvement ;

Saint-Valery expédie vers la Normandie des quantités considérables de légumes, pommes de terre, carottes, etc. ;

Les communes d'Arrest, Saint-Blimont, Lanchères, etc., en expédient également vers la Normandie et vers Saint-Valery pour l'Angleterre ;

Cayeux enfin est un bourg important par ses bains de mer, son commerce de serrurerie et par la pêche dont il expédie une grande quantité en Normandie.

En tenant compte de ces éléments et en remarquant qu'une des voies ouvre aux communes desservies des relations avec Abbeville seulement, l'autre avec Saint-Valery et Abbeville, les soussignés demeurent convaincus que des deux trafics locaux considérés, celui de la ligne passant par Saint-Valery sera notablement supérieur.

Il leur reste à insister sur l'avantage que présente le tracé par Saint-Valery, de desservir Cayeux et les communes du littoral. Ce tracé est ainsi le seul qui traverse entièrement le district serrurier. Cet avantage considérable, au point de vue local, se lie à un autre avantage d'intérêt public, celui de ne point se rapprocher, ainsi que les tracés qui lui sont comparés, de la ligne du Nord et de la ligne de Longpré à Gamaches. C'est en raison de ce voisinage qu'on ne peut admettre que 13 kilomètres et non 20 pour la largeur de la ligne desservie par le tracé d'Abbeville à Eu par Cahon, et c'est là une nouvelle raison de préférer le tracé par Saint-Valery, puisque l'intérêt public demande assurément la meilleure utilisation possible des capitaux disponibles et des voies créées.

Par tous ces motifs, les soussignés espèrent que le Conseil général donnera son adhésion au tracé par Saint-Valery, comme représentant l'intérêt général.

Fait et délibéré le 5 septembre 1872.

Enquête relative à l'avant-projet d'un chemin de fer
d'Abbeville au Tréport destiné à former le prolongement
de la ligne de Béthune à Abbeville.

_Réponse faite par les membres du Conseil municipal et du tribu-
nal de commerce de Saint-Valery à la délibération du Conseil
municipal d'Abbeville en date du 4 octobre 1872._

Les soussignés, Président du tribunal de commerce de Saint-Valery-
sur-Somme, Maire, Adjoints, conseillers municipaux et juges du tribunal de commerce;

En réponse aux arguments présentés par le Conseil municipal d'Abbeville, dans sa délibération du 4 octobre 1872, au sujet du prolongement du chemin de fer de Béthune par la ville d'Eu,

Ont l'honneur d'exposer ce qui suit :

L'utilité du prolongement de la ligne de Béthune à Abbeville par une
ligne d'Abbeville à Eu n'est pas contestée.

La discussion porte sur le choix à faire entre les tracés proposés,
tant par la Compagnie du Nord, que par Messieurs les ingénieurs.

Elle peut être réduite au choix à faire entre un tracé direct d'Abbeville à Eu et le tracé d'Abbeville à Noyelles, Saint-Valery et Eu.

Ce dernier se confondant, avec le premier, à partir de Friville et empruntant la ligne du Nord, d'Abbeville à Saint-Valery, il reste, en
définitive, à choisir entre une ligne de Friville à Saint-Valery et une
autre ligne de Fressenneville à Abbeville, l'une ayant un développement
approximatif de 14 kilomètres, l'autre de 23.

La partie commune aux deux tracés dessert les principaux centres
de l'industrie serrurière, il n'y a donc pas de différence entre eux, au
point de vue de la position des stations par rapport à ces localités.

La comparaison doit être établie, au point de vue de trafic local des
communes desservies, au point de vue de l'intérêt général et du trafic
de transit.

Au point de vue du trafic local :

1° En ne considérant que les communes les plus immédiatement
voisines des lignes à construire, le tableau ci-dessous établit qu'au point
de vue du chiffre de la population desservie, l'avantage appartient incontestablement au tracé par Saint-Valery, malgré son moindre développement :

	Habitants.			Habitants.
D'un côté : Estrebœuf	330	De l'autre :	Valines	691
Pendé	1327		Franleu	704
Arrest	1012		Chepy	1028
St-Blimont	1238		Le Quesnoy	705
Vaudricourt	555		Cahon	241
Nibas	965		Saigneville	623
			Miannay	840
	5427 habitants.			4832 id.

2° L'importance agricole des communes intéressées est plus grande aussi du côté de Saint-Valery,

3° Quant à l'importance industrielle, la râperie de Saint-Blimont à elle seule peut procurer au chemin de fer par Saint-Valery une masse de transports comparable à celle des transports réunis des communes citées dans l'autre tracé.

On ne doit pas perdre de vue, à ce propos, que les matières premières et les produits fabriqués de l'industrie des toiles ont, à la tonne, une valeur considérable, par rapport à laquelle les réductions à espérer sur le prix des transports ont bien moins d'importance que pour les houilles, les fontes, les betteraves, ou les pommes de terre ;

4° Les communes de Saigneville et de Cahon pourraient parfaitement être desservies par une station placée à Port-le-Grand, sur la ligne de Calais, si l'importance des besoins de ces communes le comportait,

5° Le tracé direct laisse dans une impasse les communes importantes de Saint-Valery, Cayeux et leurs voisines, tandis que le tracé par Saint-Valery ne nuit ni à Abbeville, ni aux communes qui en sont voisines.

Enfin, eu égard aux lignes existantes d'Amiens à Calais et de Longpré à Gamaches, le tracé par Saint-Valery est mieux placé que le tracé direct pour l'approvisionnement de la région à desservir et l'enlèvement de ses produits. C'est un fait dont il est aisé de se rendre compte, en traçant sur la carte des zones de 8 kilomètres de large, le long des lignes existantes et des voies projetées, et en considérant ce qui reste en dehors de ces zones, dans les deux cas.

Les parties qui se trouveraient à plus de 8 kilomètres d'une voie ferrée sont indiquées sur le calque ci-joint en bleu pour le tracé par Saint-Valery, en brun et en noir pour le tracé par Cahon. La teinte noire indique une région desservie vers Abbeville par la station de Saint-Valery, mais qui ne pourrait gagner Eu par chemin de fer qu'avec un allongement de parcours de 27 kilomètres 950 mètres, qui fait plus que doubler la distance de Saint-Valery à Eu.

Au point de vue de l'intérêt général et du trafic de transit,

Il faut observer que, dans toute étude de chemin de fer, on se trouve obligé de concilier l'intérêt des localités extrêmes et celui des localités intermédiaires. Le premier est en faveur du tracé le plus court possible, le second exige ordinairement certains détours augmentant les frais de premier établissement et les frais d'exploitation du chemin de fer, et par suite le prix des transports entre les extrémités,

En pareil cas, l'intérêt. des points intermédiaires importants est toujours pris en considération dans une large mesure, sans que les localités extrêmes se trouvent fondées à se plaindre.

Dans l'espèce, il est rationnel d'aller encore plus avant dans cette voie, puisque le détour par Saint-Valery et Noyelles, loin d'entraîner un excédant de dépenses, correspond à une importante économie sur les frais de premier établissement et sur les frais annuels d'entretien et d'exploitation par kilomètre. On peut affirmer que les frais d'exploitation correspondant au transport d'une tonne de marchandises, ou d'un voyageur d'Abbeville à Eu, seront à peu près équivalents par la ligne directe ou par Saint-Valery.

Les soussignés admettent que les tarifs tiendront compte de ce fait, et ils font remarquer que la ville de Saint-Valery est particulièrement fondée, en signalant des économies incontestables, à demander à en profiter, puisqu'elle souffre depuis longtemps de la suppression du tarif proportionnel, suppression qui lui enlève tout l'avantage, que son voisinage de Paris pourrait lui procurer sur Boulogne et Calais.

En dehors de ces considérations, la ligne projetée est à la fois une section de la ligne de Lille au Hàvre et une section de la ligne du littoral de Dunkerque au Hâvre.

Si le tracé par Saint-Valery allonge de 9 kilomètres la première voie, il raccourcit la seconde de 17 kilomètres.

On voit donc, qu'en supposant les tarifs proportionnels aux distances, il suffit que les relations d'un port à l'autre et les échanges entre la Normandie et le Pas-de-Calais produisent un mouvement moitié seulement de celui de la ligne de Lille au Hàvre, pour que l'avantage, et l'inconvénient du tracé par Saint-Valery se balancent exactement.

Le Conseil municipal d'Abbeville insiste sur l'avantage qu'il y aurait à ce que la serrurerie picarde emploie des houilles et des fontes françaises au lieu des charbons et des fontes d'Angleterre.

Il faut, pour que cet avantage soit d'intérêt général, qu'on l'obtienne sans enlever des facilités, sans imposer des frais nouveaux aux produits étrangers.

La France est obligée d'importer chaque année 7 millions de tonnes de houille, et 120,000 tonnes de fonte qu'elle ne produit pas. Toute gêne, tout frais nouveau imposé à ces produits est contraire à l'intérêt de la consommation intérieure, et nuisible pour l'exportation.

A ce point de vue encore, le tracé par Saint-Valery est plus avantageux pour la serrurerie picarde que le tracé direct.

On oppose encore l'encombrement de la ligne du Nord sur la section de Noyelles à Abbeville? Les craintes à cet égard paraîtront certainement peu fondées, si on remarque qu'il s'agit d'une section de 14 kilomètres de longueur parcourue actuellement dans les deux sens par 14 trains de voyageurs et 20 trains de marchandises en 24 heures.

La ligne du Nord elle-même fournit l'exemple d'un mouvement parfaitement régulier entre Creil et Paris par Chantilly sur une longueur de 50 kilomètres à deux voies avec 99 trains dans les deux sens par 24 heures.

L'objection tirée des conditions de solidité de l'estacade, qui existe entre Noyelles et Saint-Valery et que la Compagnie du Nord entretiendra de toute manière, doit être également écartée. On ne peut pas admettre, en effet, si elle était fondée, que Messieurs les Ingénieurs n'aient compté de ce chef aucune dépense, dans l'avant-projet de la variante par Saint-Valery.

Enfin le Conseil municipal d'Abbeville signale les inconvénients d'un second pont sur le canal entre Abbeville et Saint-Valery.

Les soussignés répondent que la Compagnie du Nord s'est engagée à construire le pont de Saint-Valery ; elle a reconnu que la gare actuelle n'est que provisoire; la construction du pont n'a été ajournée qu'en raison du projet d'un chemin de fer devant relier Saint-Valery à Dieppe, projet dont il est question depuis 1846; d'ailleurs, placé en amont du sas-éclusé, le pont de Saint-Valery n'aurait pas les inconvénients du pont tournant en aval du port d'Abbeville.

Il n'est pas douteux que les navires pourront toujours le franchir sans retard, soit qu'ils montent à Abbeville, soit qu'ils descendent à Saint-Valery.

Le pont tournant d'Abbeville restera à la vérité un sérieux inconvénient pour la navigation et un danger pour la voie ferrée ; dès à présent les navires arrivant à Abbeville ne le franchissent qu'à la marée descendante et le danger d'échouer au passage leur fait souvent perdre 24 heures.

Mais Messieurs les Ingénieurs ont certainement pensé, depuis qu'Abbeville n'est plus une place forte, à une combinaison, qui entre autres avantages permettrait de supprimer cet inconvénient et ce danger.

Cette combinaison consiste à détourner la ligne du Nord suivant le tracé rouge du calque ci-annexé, et à lui faire passer la Somme sur un pont fixe près d'Épagnette (voir calque).

On éviterait ainsi un pont fixe sur la ligne d'Abbeville à Béthune, à l'intersection de cette voie et de la ligne principale.

Le pont tournant d'Abbeville pourrait être utilisé à Saint-Valery.

La gare d'Abbeville devrait être déplacée, mais elle trouverait près de la porte du Bois un emplacement remarquablement à portée de cinq routes importantes.

La grande ligne serait allongée à peine de 500 mètres et la ligne de Béthune serait raccourcie.

Par toutes ces considérations, les soussignés pensent avoir répondu aux objections faites contre le tracé par Saint-Valery.

Ils demeurent convaincus que ce tracé a pour lui l'intérêt général et l'intérêt de la région à desservir.

Ils persistent en conséquence dans leurs premières conclusions,

---

Compagnie sucrière de la Somme.

SOCIÉTÉ A RESPONSABILITÉ LIMITÉE, CAPITAL 800,000 FR. — SIÉGE SOCIAL RUE DU LOUVRE, 6, PARIS.

Note présentée par la Compagnie sucrière de la Somme sur l'avant-projet d'une ligne de chemin de fer d'intérêt général d'Abbeville au Tréport.

La Compagnie sucrière de la Somme possède à Beauchamps, à un kilomètre de la station d'Incheville, sur le chemin de fer de la Bresle, une sucrerie montée pour un travail annuel de 30,000 tonnes de betteraves. Cette sucrerie est alimentée pour moitié par une râperie située à Saint-Blimont, à l'intersection du chemin de grande communication n° 2 de Saint-Valery à Beauchamps avec le chemin vicinal de Saint-Blimont à Nibas. Au point de vue des transports considérables que comporte l'exploitation de ces deux établissements, ladite Compagnie est fortement intéressée dans la question du choix du tracé de la ligne du chemin de fer d'Abbeville au Tréport.

Convaincue que ses intérêts seraient mieux servis, au point de vue de l'économie des transports, par l'exécution d'une ligne d'intérêt général de Saint-Valery à Eu, sur laquelle seraient appliqués des tarifs analogues à ceux du réseau du Nord, que par l'exécution d'une ligne d'intérêt local dans la même direction, ladite Compagnie demande que le tracé de l'avant-projet présenté par la Compagnie du Nord soit modifié à partir de Woincourt pour être dirigé par Friville, Saint-Blimont, Arrest, Estrebœuf sur Saint-Valery, conformément à l'étude faite dans ce sens par Messieurs les Ingénieurs du département de la Somme.

Cette demande est motivée par les considérations suivantes :

La râperie de Saint-Blimont est le centre d'un mouvement de transports dont l'importance annuelle peut être évaluée ainsi :

Betteraves . .	12000	à	15000	tonnes.
Pulpes. . . .	2400	à	3000	»
Charbon . . .	240	à	300	»
Accessoires . .	50	à	50	»
Totaux . .	14690	à	18350	tonnes.

Le transport des betteraves par voiture pendant les mois d'hiver présente souvent de grandes difficultés, et l'insuffisance des moyens de transport est surtont pour la petite culture un obstacle sérieux.

Les cultivateurs des communes de Saint-Valery, Estrebœuf, Pendé d'une part, et ceux de Friville-Escarbotin et Woincourt, d'autre part, auront avantage dans un grand nombre de cas à se servir du chemin de fer pour le transport de betteraves, en raison surtout de l'emplacement de la station de Saint-Blimont, très-rapprochée de l'usine, d'après le projet de Messieurs les Ingénieurs du département. La zone d'approvisionnement de betteraves de la râperie sera donc étendue dans ce sens.

D'autre part, l'établissement du chemin de fer aura pour conséquence d'ouvrir un débouché plus étendu au commerce des pulpes, dont la production peut arriver à dépasser les besoins locaux.

Enfin les charbons, qui arrivent soit de l'Angleterre, soit du nord de la France, par Saint-Valery, parviendront à l'usine dans des conditions beaucoup plus économiques.

La Compagnie fait remarquer ici qu'elle attache une grande importance à ce que les houilles anglaises puissent arriver dans les meilleures conditions possibles en concurrence avec les houilles françaises, cette concurrence étant la garantie la plus efficace contre toute surélévation des prix de vente et le transport du combustible de l'une ou de l'autre provenance. Le tracé de Saint-Valery au Tréport, aboutissant à un port par ses deux extrémités, est celui qui satisfait le mieux à cette condition, tant pour l'usine dont il s'agit, que pour les manufactures de serrurerie des communes voisines.

La sucrerie de Beauchamps aura lieu également de se servir du chemin de fer prejeté pour l'écoulement de ses produits, dont l'importance, non compris les pulpes, est représentée par les chiffres suivants :

Sucres   18000 sacs,   soit 1800 tonnes.
Mélasse   1000   »

             Total   2800 tonnes.

L'importance de la production annuelle de l'industrie sucrière en France (324,000 tonnes) motive un mouvement considérable d'exportation de sucres bruts (93,000 tonnes en 1871-72) dirigés surtout vers l'Angleterre.

La sucrerie de Beauchamps, par sa situation voisine de la côte, est particulièrement bien placée pour prendre part à ce commerce. La quantité de sucres, qu'elle a expédiée en destination du marché anglais sont, pour les deux dernières campagnes :

         (1870-71)   4500 sacs,   soit 450 tonnes.
         (1871-72)   8100 sacs,   soit 810 tonnes.

Ces marchandises sont actuellement embarquées à Boulogne, Calais, ou Dunkerque, ports qui reçoivent l'exportation des sucres des riches départements du Nord et du Pas-de-Calais, et où les navires trouvent rapidement à compléter leurs chargements.

Indépendamment des sucres, des quantités plus ou moins considérables de mélasses peuvent suivre la même voie. Cette année même, 500 tonnes de mélasse ont été expédiées de Beauchamps à Calais, ce qui porte à 1310 tonnes la quantité de marchandises envoyées en un an par cette seule usine dans la direction de la ligne du littoral. Le tracé de Saint-Valery à Eu offre à ce mouvement la voie la plus courte. En prenant comme terme de comparaison la destination de Boulogne, la distance de transport par Incheville, Eu et Saint-Valery est de 103 kilomètres ; la distance d'Incheville à Eu, Abbeville, Boulogne est de ··· kilomètres; la distance d'Incheville à Gamaches, Longpré, Boulogne est de 142 kilomètres.

L'avantage du tracé par Saint-Valery est de 16 kilomètres par rapport au tracé par Abbeville, et de 39 kilomètres par rapport à la ligne de Longpré.

Les données ci-dessus établissent qu'au point de vue des transports, tant de la sucrerie de Beauchamps que de la râperie de Saint-Blimont, la Compagnie sucrière de la Somme a un intérêt particulier à ce que la ligne d'intérêt général d'Abbeville à Eu soit dirigée par Saint-Valery.

Elle n'a pas à développer ici les motifs d'intérêt général qui militent dans le même sens, et qui peuvent se résumer ainsi :

1º Le tracé par Saint-Valery complète de la manière la plus directe la ligne du littoral, de Dunkerque à Dieppe et au Hâvre;

2º Il est le plus économique, puisque sa longueur est moindre de 8 kilomètres que celle du tracé par Abbevillle ;

3º Il est préférable, au point de vue stratégique ;

4º Il est plus éloigné du chemin de fer de Longpré à Gamaches, et il satisfait les intérêts de populations plus nombreuses;

5º Il relie de la manière la plus directe à l'ensemble du réseau des chemins de fer le port de Saint-Valery, qui est le seul du département, à proprement parler, et dont l'importance commerciale ne peut que s'accroître dans l'avenir.

Par tous ces motifs, la Compagnie sucrière de la Somme renouvelle le vœu que la ligne d'Abbeville à Eu soit dirigée par Saint-Valery.

Fait à Paris, ce 28 octobre 1872.

2155. — Abbeville. Imprimerie Briez, C. Paillart et Retaux

www.ingramcontent.com/pod-product-compliance
Lightning Source LLC
Chambersburg PA
CBHW070819210326
41520CB00011B/2023